스마트폰을 든
테러리스트

미디어 교육과 청소년 보호

나남신서 1904

스마트폰을 든
테러리스트

미디어 교육과 청소년 보호

2017년 4월 5일 발행
2017년 4월 5일 1쇄

지은이   조욱희
발행자   趙相浩
발행처   (주) 나남
주소   10881 경기도 파주시 회동길 193
전화   (031) 955-4600 (代)
FAX   (031) 955-4555
등록   제 1-71호 (1979.5.12)
홈페이지   http://www.nanam.net
전자우편   post@nanam.net

ISBN 978-89-300-8904-3
ISBN 978-89-300-8655-4 (세트)

이 책은 방일영문화재단의 지원을 받아 저술·출판되었습니다.

나남신서 1904

스마트폰을 든 테러리스트

미디어 교육과 청소년 보호

조욱희 지음

나남
nanam

'테러와의 전쟁'이라는 말이 이제 더는 낯설지 않다. 하루가 멀다 하고 들려오는 참혹한 테러 소식에 인간의 존엄성에 관한 우리의 감각이 무뎌질 정도다. 우리는 테러가 일상화된 시대에 산다.

10살도 채 안 된 어린이가 태연하게 참수(斬首)를 한다. 철창에 사람을 가두고 휘발유를 뿌려 불태워 죽인다. 수백 년 전 중세시대 때 마녀로 지목된 여인은 머리가 잘리고 불에 태워졌다. 마녀에게는 무시무시한 힘이 있으며 이렇게 해야만 환생하지 못하고 완전히 죽일 수 있다고 믿었기 때문이다. 그러나 믿기지 않고 믿고 싶지도 않은 이런 참혹한 테러가 21세기 대명천지에 지금 바로 우리 근처에서 벌어진다. 그리고 이런 끔찍한 장면이 선전선동 영상으로 만들어져 인터넷에 유포된다. 도대체 왜? 무슨 이유로?

방송 분야에 20년 넘게 종사하면서 영상은 글보다 더 즉각적이고 감성적이며 선동적일 수 있음을 깨달았다. 펜은 칼보다 강하고 카메라는 펜보다 더 호소력 있을 수 있다. 어떻게 하면 영상을 객관적으로 다룰 수 있는지, 세상에 도움되는 도구로 영상을 사용할 수 있는지…. 늘 경계하고 성찰해야 한다고 생각했다.

외신을 통해 전해져 오는 반(反)인륜적 테러 영상을 보면서 두려웠다. 그런데 서방의 수많은 젊은이가 이런 잔혹한 테러리스트가 되기 위해 열사(熱沙)의 나라 시리아로, 이라크로 넘어간다는 소식을 접했다. 남의 나라 일이려니, 서구 물질문명에 회의를 느낀 젊은이들의 충동적 모험이려니, 그렇게 치부하고 싶었다.

그런데 한국의 10대 김 군이 ISIS(Islamic State of Iraq and Syria: 이슬람 원리주의 테러단체가 스스로 칭하는 이라크·시리아 지역의 이슬람 국가) 테러리스트가 되겠다며 부모를 속이고 시리아로 건너갔다는 뉴스는 내게 큰 충격이었다. 이 책을 써야겠다고 마음먹은 계기였다.

테러는 왜 일어날까? 왜 자신의 몸에 폭탄을 두르고 아무 이유 없이 죄 없는 민간인 속에서 폭탄을 터트려 자신의 목숨도 그리고 수많은 사람의 목숨도 앗아가는 것일까? 어째서 이슬람 테러리스트는 지하드(성전)라는 명분으로 산 사람의 목을 자르거나 불에 태우는 등 반인륜적 행위를 서슴지 않을까?

이들이 믿는 종교는 진정 이런 행위를 인정하고 정당화하는가? 이들이 믿는 종교의 교리 자체에 근본적 문제가 있는 것일까? 이들이 궁극적으로 추구하는 목표는 무엇인가?

ISIS가 만든, 보통 사람이 보기엔 너무나도 역겹고 잔혹한 선전선동 영상을 보고 서방의 수많은 젊은이가 열광하는 이유는 무엇일까? 그리고 왜 가족도 친구도 뒤로한 채 테러리스트가 되려고 사선을 넘을까? 도대체 어떤 이유로 영국, 프랑스, 미국 등 서방 선진국의 수많은 젊은이가 세상 단 하나뿐인 자신의 목숨을 내걸고 사람들을 무참하게 죽이는 테러리스트가 되려 할까?

이들을 단지 사회 부적응자 혹은 정신적으로 문제가 있거나 종교에 광적으로 빠져 이성적 판단이 마비된 사람으로 설명해서는 문제의 본질을 제대로 이해할 수 없다. 적절한 대책을 마련할 수도 없다.

내가 대학을 다니던 1980년대 한국사회는 격변의 시기였다. 전두환 장군이 군부 쿠데타로 정권을 장악하는 과정에서 1980년 광주 5·18 민주화운동은 무자비하게 진압됐고 수많은 사람이 희생됐다. 노동자의 권리는 억압받았고 민주주의는 후퇴했다. 자유와 정의를 부르짖는 학생들과 민주투사의 외침은 무기력하고 희망이 없어 보였다. 독재정권의 압도적 공권력 앞에 무력할 수밖에 없던 상황에서 일부 학생과 민주투사는 분신자살이라는 극단적 선택을 했다. 최후의 수단으로 자신의 목숨을 포기하면서까지 민주주의의 부활을 외친 것이다. 당시 나는 이런 극단적 투쟁을 보면서 큰 혼란에 빠졌다. 그리고 두려웠다.

근대화에 뒤져 식민지 지배를 경험했으며 제2차 세계대전 이후 미·소 열강의 분할구도 속에서 분단국가로 독립을 맞이했고, 동족 간 전쟁으로 폐허가 된 우리나라가 박정희 정권의 독재 아래서 집약적 발전으로 근대화에 성공하고, 이후 민주화와 산업화를 동시에 이루어 OECD 선진국 반열에 진입한 것은 거의 기적에 가깝다. 우리와 마찬가지로 근대화에 뒤져 식민지 지배를 경험한 아시아, 아프리카 그리고 남미의 많은 나라는 경제적으로는 물론 정치적으로도 안정되지 못한 채 내전과 궁핍을 벗어나지 못한다. 이런 혼란 속에서 극단주의 이데올로기는 힘을 얻는다. 이들은 건설적 미래 비전은 부족한 채 폭력과 저항만으로 자신의 정치적 기반을 키워가는 경우가 많다.

어떻게 하면 우리는 좀더 평화로운 세상에서 다 함께 잘 살 수 있을까? 혹 그것이 우리 인류에게는 너무나 요원한 유토피아, 즉 네버랜드(Neverland: 실제로 존재할 수 없는 나라)와 같은 꿈이라면 우선 당장 우리 젊은이들이 테러리스트의 극단주의 이데올로기에 현혹되어 자신의 목숨과 수많은 무고한 사람의 목숨을 살해하는 그런 비극만이라도 막을 수는 없을까?

방송사에서 20년 넘게 일하고 다큐멘터리를 만들며 조금은 더 살 만한 세상을 만들기 위해 일하겠다고 다짐한 내가 영상 전문가로서 할 수 있는 일은 무엇일까?

영상은 정녕 객관적인가? 뉴스에 나오는 것은 있는 그대로 믿어도 되는가? 테러는 왜 발생하며 끊이지 않는 것일까? 테러리스트가 만든 선전선동 영상의 실체는 무엇인가?

특히, 청소년이 이런 과격한 이데올로기에 취약한 이유는 무엇일까? 어떻게 하면 청소년을 테러리스트의 유혹으로부터 지킬 수 있을까?

이 책은 이런 질문에 답하기 위해 쓰였다. 이 책이 어떻게 하면 테러를 줄이고 인류가 서로를 이해하면서 평화롭게 살 수 있는지, 청소년을 테러리스트의 반인륜적, 폭력적 이데올로기로부터 어떻게 지킬 수 있을지를 함께 고민하는 데 도움이 된다면 큰 보람이겠다.

공중에서 비처럼 폭탄을 퍼붓고 수십만 지상군을 투입해 ISIS와 같은 극단주의 테러리스트를 섬멸할 수 있을지는 몰라도 제2, 제3의 더욱더 극악한 테러조직의 탄생을 막을 수는 없을지 모른다. ISIS와 같은 테러조직의 실체는 사람이 아니라 과격한 이념이기 때문이다. 그들의 급진적 이념이 사람들, 특히 청소년을 유혹하고 세뇌하고 죽음의 테러로 끌어들이는 한 ISIS와 같은 테러조직은 없앨 수 없다.

이 책을 쓰는 과정에서 많은 이슬람 전문가, 테러 전문가의 책이 큰 도움이 됐다. 그중에서도 특히 수많은 이슬람 관련 저술로 이슬람에 대한 이해를 돕는 한양대 이희수 교수, 영국 세인트앤드루스대학에서 대테러보안을 전공했으며 한국 테러리즘 연구소장으로 왕성하게 활동하는 최진태 교수는 이슬람과 테러리즘 전반을 이해하는 데 큰 도움을 주었다. 국제정치 전문지 〈포린 어페어스〉(*Foreign Affairs*) 편집장이자 CNN 진행자인 파리드 자카리아(Fareed Zakaria)의 칼럼과 방송은 ISIS와 국제정세를 균형 잡힌 시각으로 보는 데 너무나도 소중한 자료였다. 책의 저술과정에 구체적으로 인용처를 밝히지는 못했지만 이분들께 깊이 감사드린다.

　선뜻 출간을 결정해주신 나남의 조상호 회장님, 고승철 사장님, 책의 모양을 갖추는 데 큰 도움을 주신 편집부 방순영 이사님, 옥신애 님께도 고마운 마음을 전한다. 잘못되거나 부족한 모든 책임은 전적으로 저자에게 있음을 밝히며 이 책이 글로벌 테러리즘에 관한 연구와 논의에 작은 보탬이 되길 희망한다.

2017년 2월
조욱희

나남신서 1904

스마트폰을 든 테러리스트

미디어 교육과 청소년 보호

차 례

제 3 부
테러 없는 세상, 청소년을 지키기 위하여

극단적 이데올로기의 위험한 유혹

제1부

글로벌 테러리즘의 시대

글로벌 테러리즘의 이해

테러란 무엇인가

일본 제국주의의 상징인 이토 히로부미(伊藤博文, 1841~1909)를 하얼빈 역에서 암살한 안중근(安重根, 1879~1910) 의사의 행위는 테러인가, 애국적 의거인가? 테러는 일반 범죄와 어떻게 다른가? 테러와 테러리즘은 같은 의미인가?

글로벌 테러리즘(*global terrorism*)에 관한 논의를 시작하기 전에 이런 간단하지만 조금은 혼란스러울 수 있는 질문을 던지고자 한다. 일본 제국주의자의 관점에서 보면 안중근 의사의 행위는 테러 혹은 일반 형사범죄의 하나일 것이다. 그러나 압도적 무력의 차이에 기반을 둔 불법적 제국주의 침략에 합법적으로 맞설 투쟁수단이 마땅치 않았던 식민지 조선 민중의 처지에서 보면 안중근 의사의 이토 히로부미 암살은 자신의 목숨을 건 애국적 의거라 할 수 있다.

실제로 안 의사는 대한의군 참모중장 자격으로 '전쟁 행위'의 일환으로서 권총 방아쇠를 당겼다. 이렇듯 자신이 처한 상황에 따라 어떤 행위에 대한 정의(定意)는 크게 달라질 수 있다. 이런 혼란은 우리가 글로벌 테러리즘을 이해하는 데에도 동일하다.

지구촌 테러의 대부분은 아랍지역에서 발생한다. 아랍인은 자신들의 행위를 미국을 중심으로 한 서방세계의 부당한 침략에 대한 지하드(聖戰: 성전, 즉 성스러운 전쟁)라 부르고 서방에서는 이를 반인륜적 테러로 규정한다.

물론 비무장 민간인을 대상으로 하는 테러는 그 어떤 이유로도 정당화될 수 없다. 그러나 테러를 이렇게 반인륜적 행위로 규정하고 비난만 해서는 이를 둘러싼 본질적 문제를 제대로 이해할 수도, 해결할 방법을 찾을 수도 없다. 모든 편견을 버리고 이 문제를 있는 그대로 바라보아야 한다. 그러기 위해 우선 테러와 테러리즘에 관한 개념 정의부터 살펴보도록 하자.

테러(terror)와 테러리즘(terrorism)은 학술적으로 명백히 다른 용어다. 그러나 현실의 각종 언론 보도를 살펴보면 테러와 테러리즘이라는 개념이 거의 동일하게 사용됨을 알 수 있다. 그렇다면 테러와 테러리즘은 각각 어떤 개념이며 어떤 차이가 있는가?

우리가 어떤 현상에 대해서 논의하고자 할 때 그 현상을 개념적으로 어떻게 정의할 것인가는 가장 중요한 출발점 중 하나다. 어떻게 현상을 개념화하고 용어를 정의할 것인가는 사회과학적 논의를 위한 기초이기 때문이다.

21세기 국제사회를 이해하는 데 가장 중요한 키워드 중 하나가 테러인 만큼 수많은 전문가가 테러와 테러리즘을 정의하려 노력했다. 테러의 역사를 통해 개념화하려는 시도도 있었고 테러의 원인과 행태 등을 중심으로 정의하려는 노력도 계속됐다. 그러나 매우 아쉽게도 테러와 테러리즘에 관한 일치된 정의는 존재하지 않는다. 이는 테러를 바라보는 여러 학자의 입장과 시각에 차이가 존재하며 역사적으로 테러가 계속 변화하기 때문이기도 하다.

테러와 테러리즘이라는 용어가 사실상 동일하게 사용되는 현실을 고려한다면 새삼스럽게 둘의 개념 차이를 논하는 것은 의미가 없을 수도 있다. 그러나 이 두 개념이 명확하게 다르다는 사실은 짚고 넘어갈 필요가 있다.

우리가 사용하는 영어단어 테러(terror)는 프랑스어로 '공포'를 뜻하는 terreur가 어원이다. 이 용어는 프랑스 대혁명(1789~1794) 당시 자코뱅(Jacobins)파의 공포정치(reign of terror) 때 처음 사용됐다.

프랑스 대혁명 이후 절대왕정 체제에서 공화정 체제로의 급진적 이전을 추진했던 자코뱅파의 지도자 로베스피에르(Maximilien de

Robespierre, 1758~1794) 는 1793년 국왕 루이 16세(Louis XVI, 1754~ 1793) 와 그의 아내 마리 앙투아네트(Marie Antoinette, 1755~1793) 를 광장에서 단두대로 처형하여 대중의 분노와 공포심을 극대화했다.

이후 자코뱅파는 '반혁명죄'라는 명분 아래 수많은 사람을 단두대로 처형했다. 그러나 공포정치를 통해 혁명은 완수될 수 없었고, 1794년 로베스피에르는 독재 혐의로 단두대에서 목이 잘렸다. 공포정치의 아이러니라고 하지 않을 수 없다.

이와 같은 테러의 공식 기원에서 알 수 있듯이 '테러'란 극심한 공포, 무력감 등의 '심리 상태'를 설명하는 개념이다. 심리학자는 테러를 '인간이 느끼는 극단적 공포'로 정의하기도 한다. 다시 말해 테러란 그 원인이 무엇이든 인간이 느끼는 매우 심한 공포를 의미한다. 지진, 해일, 천둥, 번개 등 자연재해에서 느끼는 인간의 무력감과 공포 역시 테러일 수 있다. 연쇄살인범은 대중을 공포에 떨게 한다. 즉, 테러 상태로 몰아넣는다. 광적인 축구팬의 난동 역시 공포감을 불러일으킬 수 있다. 이런 현상 역시 테러라는 개념으로 설명이 가능하다.

그러나 '테러리즘'은 이러한 자연재해, 일반 강력범죄 혹은 군중의 난동과 명확하게 구분되는 특징을 지닌다. 테러리즘이 어떤 뚜렷한 목적을 지닌 테러 행위에서 출발한다는 사실은 가장 큰 차이점이다. 여기서 테러 행위란 정치적, 종교적 혹은 민족적 목표를 달성하기 위한 수단으로서의 폭력이며 테러리즘은 이러한 테러 행위를 이용해 특정한 목적을 달성하기 위한 행위 전반을 뜻한다.

테러리즘의 정의에는 여러 차이가 존재하지만 테러리즘을 연구한 학자들의 논의를 살펴보면 몇 가지 공통되는 내용을 확인할 수 있다. 테러리즘에 관한 몇 가지 주목할 만한 정의를 살펴보자.

테러학의 세계적 권위자인 영국 세인트앤드루스대학 폴 윌킨슨(Paul Wilkinson) 교수는 조직적인 살해 및 파괴 '행위' 그리고 살해와 파괴에 대한 '협박'을 함으로써 개인, 단체, 특정 공동체 혹은 정부를 공포의 분위기로 몰아넣어 테러리스트 집단의 정치적 목적을 달성하려는 행위로 테러리즘을 정의한다(최진태, 2011, 20쪽).

테러리즘이란 민주주의 국가 내부에서 불안정을 창출하기 위해 행해지는 폭력적이고 극단적인 협박의 조직적 체계이다. 국제 테러리스트는 경찰, 군대, 다국적 기업 등에 무차별적이고 예상할 수 없는 공격을 가하며 공격 목표가 되는 국가들에 정치·경제적 변화를 강요하는 공격을 시도한다(Richard Thackrah, 1987: 최진태, 2011, 20쪽에서 재인용).

테러리즘은 준국가단체 혹은 국가의 비밀요원이 다수의 대중에게 영향력을 행사하기 위해 비전투원을 공격 대상으로 하는, 사전에 치밀하게 준비된 정치적 폭력이다(US Department of State, 2003: 최진태, 2011, 18쪽에서 재인용).

테러리즘의 대상에 군사적 목표 혹은 주요 시설과 요인 이외에도 민간인을 포함할 것인가, 정치적 목적 이외에 종교적, 이데올로기적 목적을 포함할 것인가 등 몇몇 부분에는 이견이 있다. 그러나 위에서 살펴본 바와 같이 '달성하려는 명확한 목적의 존재', '목적 달성을 위한 폭력의 사용 또는 사용의 위협'은 테러리즘의 정의에서 공통된다.

우리는 테러리즘을 논할 때 암묵적으로 그 행위가 비합법적이며 정당성이 없다고 전제한다. 또한 테러리즘을 막으려는 노력을 정의로운 행위로 보는 일반적 경향이 있다. 그러나 각각의 구체적 상황에서 살펴보면 반인륜적이고 비합법적인 테러리즘과 정의롭고 역사적 정당성이 있는 독립 투쟁 혹은 자유 투쟁을 명확히 구분하기는 어렵다. 제국주의자 이토 히로부미를 저격한 안중근과 나치 독일 치하에서 주요 시설물을 폭파하고 독일 점령군과 반민족 부역자를 암살한 프랑스 레지스탕스(Résistance)를 누구도 테러리스트라고 부르지 않는다.

목적을 지닌 폭력 행위 모두를 테러리즘이라고 볼 수는 없으므로 논의는 더 복잡해진다. 어느 입장에서 바라보느냐에 따라 폭력 행위의 정당성에 대한 평가가 정반대로 달라지기도 한다. 비폭력 평화주의자는 '목적의 정당성'과 '폭력의 사용'을 별개로 보기도 한다. 목적의 정당성이 목적 달성을 위한 모든 행위의 정당성을 보장하지는 않으며 정당한 목적은 정당한 수단으로 달성되어야 정당하다는 맥락이다. 특히, 어떤 정당한 목적이 있더라도 민간인에 대한 폭력 사용은 정당화될 수 없다.

이런 여러 이유로 모두가 동의할 수 있는 테러리즘의 정의를 내리기는 사실상 불가능하다. 다만 현재까지 논의된 여러 학자의 연구와 현재 우리 인류가 직면한 테러리즘의 위험을 고려하여 다음과 같이 테러리즘을 정의해본다. 또한 이 바탕 위에서 우리가 어떻게 글로벌 테러리즘을 인식하고 대처할 수 있을지 논의하고자 한다.

> 테러리즘은 주권국가 혹은 특정 단체가 정치·사회·종교·민족주의적인 목표 달성을 위해 조직적이고 지속적인 폭력의 사용 혹은 폭력의 사용에 대한 협박으로 광범위한 공포 분위기를 조성함으로써 특정 개인·단체·공동체·사회 그리고 정부의 인식 변화와 정책의 변화를 유도하는 상징·심리적 폭력 행위의 총칭이다(최진태, 2011).

한국 테러리즘 연구소장인 최진태는 테러리즘의 주체를 주권국가뿐만 아니라 특정 단체로까지 확장한다. 이렇게 해야 국가 차원의 테러리즘은 물론, 현대 테러리즘의 큰 특징인 여러 극단주의 테러조직의 행위를 테러리즘으로 규정할 수 있다. 또한 테러 행위를 물리적 폭력뿐만 아니라 상징·심리적 행위까지 포함한다. 이로써 사이버 테러는 물론 민간인에 대한 무차별적 살상을 통해 대중에게 조장하는 무력감, 공포심리 등을 테러리즘의 개념으로 제대로 이해하고 대처할 수 있다.

현대 테러리즘의 특징

은밀하고 자발적인 충성,
외로운 늑대형 테러

현대 테러리즘의 큰 특징 중 하나는 이른바 론 울프(*lone wolf*), 즉 외로운 늑대형 테러리스트에 의한 테러라는 점이다. 외로운 늑대형 테러란 주로 유럽 및 미국 등 선진국 내에서 테러 위험인물로 드러나지 않은 채 홀로 은둔하던 개인이 글로벌 테러리즘 이념에 동조하여 테러조직의 구체적 지침이나 명령을 받지 않은 상태에서 자발적으로 벌이는 테러를 말한다.

론 울프를 사전적으로 보면 ① 외톨이 늑대, ② 고립주의자, ③ 독신자, ④ 단독범 등을 의미한다. 소셜 네트워크 등 커뮤니케이션 수단의 혁명적 발전은 ISIS[1]와 같은 글로벌 테러조직의 활동무대를 전 세계로 확산시키는 주요한 계기가 됐다. 외로운 늑대형 테러리스

---

1) ISIS란 Islamic State in Iraq and Syria의 약자로 영토는 이라크와 시리아에 걸쳐있으며 스스로 이슬람 국가라 칭하는 이슬람 원리주의 테러단체다. ISIS, IS, ISIL 등으로 불린다. 이 책에서는 독자의 혼란을 방지하기 위해 모든 명칭을 ISIS로 통일했다.

트는 ISIS 등 테러 지도부와 직접적 연계 또는 지시 없이 SNS 등을 통해 테러조직의 이념에 동조하여 자발적으로 테러를 실행하는 테러리스트를 일컫는다.

2016년 6월 12일 미국 올랜도에서 발생한 최악의 총기 테러는 외로운 늑대형 테러리스트에 의한 단독 범행이었다. 아프가니스탄계 미국인 테러리스트 마틴(Omar Mateen)은 미국 플로리다 주 올랜도 게이 나이트클럽에서 최악의 총기 참사를 자행했다.

그는 전형적인 외로운 늑대형 테러리스트였다. FBI는 그를 테러 위험인물로 수개월간 조사했지만 평상시 어떤 특이한 행동도 보이지 않았기에 특별한 혐의점을 발견할 수 없어 감시대상에서 제외했다. 그러나 마틴은 ISIS에 충성을 맹세하고 게이 나이트클럽에서 총기를 난사해 아무런 연고도 없는 무고한 49명을 살해했다.

이 밖에도 2016년 7월 1일 방글라데시 수도 다카(Dhaka)에서 발생한 테러 역시 평범하고 비교적 좋은 집안에서 자란 청년들에 의한 것이었다. 식당 인질극을 벌여 쿠란 구절을 암송하지 못하는 민간인 20명을 무자비하게 살해한 테러리스트 중에는 방글라데시 유력 정치인 아들을 비롯해 부유층 자제가 다수 포함된 것으로 밝혀졌다. 테러 직후 ISIS는 배후를 자처하며 테러리스트 5명의 사진을 공개했다.

〈뉴욕 타임스〉(*The New York Times*)는 "테러리스트들은 10대 후반부터 20대 초반으로 대부분 방글라데시의 명문 국제학교에 다니거나

ISIS가 방글라데시 테러리스트라고 밝힌 5인의 사진
무엇이 이들을 잔혹한 테러리스트로 만들었는가?

해외유학 경험이 있는 상류층이었다"며 "방글라데시 집권당 간부이
자 방글라데시 올림픽위원회 사무부총장을 지낸 고위 인사의 아들
임티아즈(Rohan Imtiaz)도 포함된 것으로 확인됐다"고 보도했다. 임
티아즈는 수개월 전 가출해 2016년 1월 실종 신고가 접수됐다.

테러리스트 무바시르(Meer Saameh Mubasheer)는 외국계 기업
이사의 아들로 방글라데시 명문 사립학교 학생이었다. 무바시르의
아버지 카비르(Meer Hayet Kabir)는 〈뉴욕 타임스〉에 "아들이 사라
지기 3개월 전 '음악은 나쁘다'고 말하며 기타 연주를 돌연 중단했는
데 이후 급진주의에 빠진 것 같다"고 말했다(〈조선일보〉, 2016. 7.
5). 그는 CNN 방송과의 인터뷰에서 "이건 있을 수 없는 일이다, 내
아들일 리 없다"며 울먹였다.

신원이 밝혀진 또 다른 테러리스트 이슬람(Nibras Islam) 역시 이

슬람 극단주의와도, 가난과도 무관한 중산층 자제였고 영어로 가르치는 사립학교에 다녔다.

방글라데시 당국은 부족함 없이 살아온 청년들이 극단주의 테러에 가담한 것을 충격으로 받아들였지만 전문가들은 전혀 새로운 사례는 아니라고 지적했다. 런던 퀸메리대학의 연구에 따르면 부유층 자녀이며 높은 수준의 세속주의 학교에 다닐수록 오히려 극단주의에 공감을 표하기 쉬운 것으로 나타났다(〈한국일보〉, 2016. 7. 5).

외로운 늑대형 테러는 이렇듯 평상시는 가까운 친구, 심지어 가족조차도 알아챌 수 없을 정도로 정체를 드러내지 않는다. SNS 등을 통해 이념적으로 과격해진 후 자발적으로 테러조직에 충성을 맹세하고 테러를 자행한다. 그러므로 정보 당국의 감시망에도 거의 노출되지 않는다. 이러한 외로운 늑대형 테러를 사전에 감지하고 막는다는 것은 사실상 불가능에 가까울 정도다.

외로운 늑대형 테러는 과거에는 볼 수 없었던 완전히 차원이 다른 형태의 테러로, 테러리스트를 광신도 혹은 사회 부적응자, 무능력자로 바라보던 시각은 전면적으로 수정해야 한다. 테러리즘의 원인을 근본적으로 이해하지 않고서는 풍요롭고 화목한 가정에서 태어나 제대로 된 현대식 교육을 받고 자랐으나 어느 날 잔혹한 테러리스트로 변신하여 사랑하는 가족과 세상에 큰 충격을 주는 외로운 늑대형 테러를 이해할 수도 그리고 예방할 수도 없을 것이다.

조직적으로 연결된
네트워크 테러

네트워크 테러란 무엇인가? 테러가 네트워크 형태로 조직되고 실행된다는 의미라고 할 수 있다. 전통적 테러조직은 엄격한 명령 계통이 존재하는 점조직(點組織) 형태였다. 점조직이므로 테러 실행 조직이 검거되어도 상위 조직의 보안은 유지되며 엄격한 명령 복종 체계이므로 테러 실행은 계획적으로 이루어진다. 반면 네트워크 테러조직은 이러한 전통적 테러조직과는 달리 네트워크 형태 혹은 프랜차이즈 형태로 조직이 연결된다.

알카에다(Al-Qaeda) 본부와 알카에다 예멘 지부, 알카에다 수단 지부 그리고 최근 ISIS에 충성을 맹세한 나이지리아의 극단주의 테러조직 보코하람 등이 테러 네트워크라고 할 수 있다.

'보코하람'(Boko Haram)은 서구식 교육을 금지한다는 뜻의 현지어이다. 2014년 4월 14일, 보코하람은 치복(Chibok)에 있는 중등 여학교 기숙사에서 학생 276명을 집단 납치하는 야만적인 범죄를 저질러 악명을 떨쳤다. 전 세계에서 학생들을 돌려달라는 운동(#bringbackourgirls)을 전개했으나 이들 중 상당수는 여전히 행방이 밝혀지지 않았고 일부는 테러리스트의 아내로 팔렸다고 한다.

네트워크 테러는 특정한 이념에 동조하는 각 지역 자생적 테러조

나이지리아 테러 조직 보코하람

보코하람이 납치한 나이지리아 여학생들

직의 충성 맹세와 자발적 테러 실행의 형태로 나타난다. 따라서 네트워크 테러의 경우 특정 지역의 테러 프랜차이즈 조직이 본부의 지시 혹은 자발적 결정으로 테러를 실행한다.

테러 이후 대(對)테러 전쟁으로 해당 조직이 와해되더라도 본부는 타격받지 않으며 그 지역에 또 다른 테러 네트워크가 생겨 작동하기에 테러 네트워크 전체를 와해시키기는 쉽지 않다. 전통적 테러조직의 경우 조직의 최정점에 있는 지도자를 제거하면 조직 전체의 힘이 현저히 저하되고 장기적으로는 쇠퇴의 길로 접어들지만 테러 네트워크는 각자 일정한 자율성을 지니므로 지도자 한 사람을 제거한다고 해도 네트워크 전체를 무너트릴 수 없다. 일반 네트워크 조직과 유사하게 네트워크로 연결된 테러조직은 본부의 지시와 지원도 받으며 본부로 자금과 인력을 지원하는 등 서로 협력한다.

알카에다의 상징문양. 알카에다는 아랍어로 근거지 혹은 본부라는 뜻이다.
"알라 외에 신은 없으며 무함마드는 신의 예언자이다"라는 쿠란의 구절이 쓰였다.

ISIS의 상징문양. 유일신 알라와 선지자 무함마드를 찬양하는 의미를 담고 있다.

무고한 민간인 소프트 타깃을
노리는 자살 테러

효율성, 경제성 등의 개념을 테러리즘에 대입하는 것은 어색할 수 있다. 그러나 이런 개념은 현대 테러리즘을 이해하는 데 도움이 된다. 테러조직의 입장에서는 테러를 통해 최대한 많은 인명을 살상하거나 시설을 파괴하여 공포를 극대화하면서도 테러조직의 희생은 최소화해야 한다. 만일 테러리스트가 체포되면 이후의 조사 과정을 통해 테러조직 전체의 안전이 위협받을 수도 있다. 테러조직이 테러리스트의 안전을 확보해야 하는 현실적 이유이다.

테러리스트의 안전까지 보장하면서 테러를 실행하려면 상당한 기술적 수준과 자금이 필요하다. 테러리스트의 안전을 확보하기 위해서는 테러대상의 선정과 정교한 테러무기 제작, 설치, 실행 등 기획에서 실행에 이르기까지 모든 단계에서 높은 수준의 역량이 필요하다.

오랜 기간 테러와의 전쟁을 겪으면서 미국을 비롯한 서방세계의 대테러 역량도 상당히 증가했다. 공항, 지하철, 정부 주요시설 등 보안이 철저한 장소까지 테러무기를 운반해 설치하고 테러리스트가 무사히 현장을 빠져나온 뒤 적절한 시점, 즉 테러의 목적이 극대화될 수 있는 적기(適期)에 무기가 작동하도록 하기는 쉽지 않다.

만일 테러리스트가 자신의 몸에 폭발물을 소지하고 비교적 보안이 허술한 민간인 밀집시설에 잠입 후 직접 폭발물을 터트린다면 위와 같은 어려움은 대부분 해소된다. 최근 테러의 가장 큰 특징 중 하나가 바로 민간인 대상의 자살 폭탄테러이다.

아무런 이유도 없고 죄도 없는 민간인을 대상으로, 그것도 일상생활에서 반드시 이용해야만 하는 지하철, 시장 등의 장소에서 벌이는 자살 폭탄테러는 테러조직의 입장에서는 테러 실행에서의 현실적 어려움을 해결한다는 것 말고도 여러 가지 장점이 있다. 테러로 더 많은 민간인이 아무런 이유도 없이 잔혹하게 살해되면 그만큼 미디어의 관심과 보도를 더 많이 이끌어낼 수 있다.

또한 불특정 다수에게 극심한 공포와 무력감을 불러일으켜 사회 전체의 활력과 생산성을 저하시키고 테러대응을 둘러싼 정부에 대한 불신을 조장할 수도 있다. 이런 모든 방법을 통해 자신의 정치적, 종교적 이데올로기를 구현하려는 것이 테러조직의 궁극적 목표이다.

자살 폭탄테러란 테러리스트가 차량 혹은 자신의 몸에 폭발물을 휴대하고 테러장소에 진입해 직접 테러를 실행하고 자신도 죽는 개념이다. 자살 폭탄조끼를 착용한 테러리스트가 지하철, 공원, 시장, 병원 등에서 폭발물을 터트리는 것이 대표적이다.

자살 테러가 가능하려면 자신의 목숨을 걸고 조직의 명령에 따라

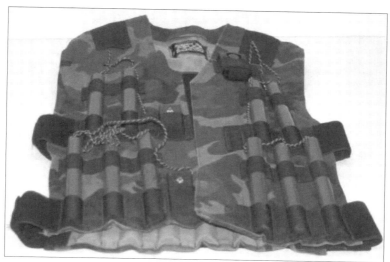

자살 폭탄테러에 사용되는 폭탄 조끼

테러를 실행할 조직원을 확보해야 한다. 자살 테러리스트의 출신, 양성과정, 실행동기, 실행과정 등은 아직 제대로 알려지지 않았다.

자살 테러리스트의 연령은 20대 전후의 남성이 대부분이다. 이슬람 테러조직에서 여성이 자살 테러리스트로 등장하는 경우는 보기 드물었으나 현재는 빈번하게 목격된다. 이는 여성의 경우 상대적으로 검문검색에서 의심받지 않으며 폭발물을 휴대할 수 있는 다양한 방법이 있기 때문으로 추정한다.

자살 테러는 대부분 종교적 신념과 연결되지 않고는 실행되기 어렵다는 특성이 있다. 인간은 본능적으로 죽음을 두려워하는 존재이기 때문이다. 종교적 신념이란 종교적 대의(大義)를 위해, 즉 성전을 위해 자신의 목숨을 바칠 경우 죽음과 동시에 해당 종교가 보장하는 천국으로 직행할 수 있다는 믿음이라고 할 것이다. 이러한 믿음과 자살 테러리스트의 유가족에 대한 현실적 보상 등이 이들의 자살 테러를 설명하는 요인일 수 있다.

  자살 테러리스트가 노리는 테러대상은 소프트 타깃(soft target), 즉 지하철, 공항, 시장, 운동경기장, 축제현장, 공원, 심지어 학교, 병원 등 사람이 많이 이용하거나 반드시 이용해야만 하는 장소이면서 동시에 보안 검문검색이 사실상 완벽할 수 없는 곳의 일반인들이다. 테러대상으로는 항공기, 정부청사, 군부대, 발전소 등 주요 시설물 등이 가장 적합하겠지만 이 시설물은 테러리스트가 쉽게 접근할 수 없어 목적을 달성하기가 어렵다. 지하철, 공항, 재래시장 등은 테러의 위험이 있다 해도 이용하지 않을 수 없는 필수시설이며 이곳을 이용하는 사람들은 군인이나 공무원 등 특정한 사람이 아니라 하루하루 열심히 살아가는 평범한 사람들이다. 이들이 바로 소프트 타깃으로 무차별적 테러의 희생양이 되는 것이다.

  그렇다면 테러리스트는 왜 비전투원이며 심지어 테러조직의 이념적 포섭대상일 수도 있는 죄 없는 민간인을 테러의 희생양으로 삼을까? 가장 큰 이유는 앞서 설명한 바와 같이 테러를 실행하기 쉽기 때문이다. 소프트 타깃을 대상으로 한 테러는 실행이 용이하며 테러의 성공, 즉 다수의 민간인 희생자를 발생시켜 일반 대중의 공포를 극대화하기에 가장 적합하다.

테러리스트가 생각하는 테러 성공의 기준은 우리가 흔히 예상하는 것과 크게 다르다. 일반적으로 테러 성공은 테러의 대상이 되는 국가의 군사력, 정보력, 기반시설을 파괴하여 테러의 궁극적 목적을 달성할 가능성을 높이는 것으로 생각할 수 있다.

그러나 ISIS 테러로 인해 실제로 가장 큰 피해를 보는 대상은 미국 등 서방세계의 군인, 경찰, 정부요인, 주요 시설물 등이 아니다. 아무런 죄도 없는 민간인이 주로 희생된다. 그것도 미국과 서방세계의 민간인보다 이라크, 시리아 등 아랍 국가와 방글라데시 등 아시아의 이슬람 국가의 무슬림들이 훨씬 더 많이 테러로 인해 희생된다. 과격 이슬람 테러조직 ISIS의 무차별적 테러로 이슬람교를 믿는 사람들이 가장 큰 피해를 본다는 것은 아이러니가 아닐 수 없다.

그렇다면 테러조직이 소프트 타깃을 대상으로 한 테러, 심지어 무슬림 소프트 타깃 테러를 통해 노리는 것은 무엇인가? 1차적 목적은 전 세계에 자신의 존재를 알리고 테러리즘의 공포를 극대화하는 것이다. 다시 말해 테러로 일반인에게 공포심을 극대화하는 것 자체가 테러리스트가 노리는 목표이다. 궁극적으로는 일반 대중 마음속에 공포심을 극대화함으로써 치안에 대한 불안감 및 해당국 정부에 대한 불만 증대, 사회 전반의 불안 증폭과 활력의 저하 등을 노린다.

이런 목적을 달성하는 데 아무런 죄도 없는 민간인은 더할 나위 없이 좋은 대상이 된다. 더 많은 사람이 더욱더 잔인한 방법으로 죽거나 어린이, 임산부처럼 안타까움과 연민을 더 크게 불러일으킬 수 있는 조건을 갖춘 사람이 희생자 중에 있다면 더욱더 크게 언론의 주목을 받으며 테러조직은 이러한 상황을 노린다고 할 수 있다.

2016년 7월 26일, 프랑스 생테티엔뒤루브레(Saint-Etienne-du-Rouvray) 성당 테러로 85세 신부 아멜(Jacques Hamel)이 살해됐다. 테러리스트들은 미사 중이던 신부를 무릎 꿇리고 칼로 살해했으며 이를 촬영했다. ISIS는 자신들의 지시를 받은 테러리스트의 소행이라고 밝혔다.

테러리스트 중 한 명인 케르미슈(Adel Kermiche)는 ISIS의 추종자였으며 범행 당시 나이는 19세였다. 알제리계 프랑스 태생으로 교육자 어머니와 의사 누나가 있는 유복한 집안에서 자란 이 청년은 2015년 1월 7일 프랑스의 풍자 주간지 〈샤를리 에브도〉(*Charlie Hebdo*)에 대한 테러사건 이후 급진화됐다고 한다. 그의 어머니는 아들이 음악을 좋아하고 여성과 데이트도 즐기는 청년이었는데 어느 날 갑자기 주문에라도 걸린 것처럼 모스크(이슬람 사원)에 갈 때를 제외하고는 은둔자로 지내기 시작했다고 언론과의 인터뷰에서 밝혔다.

2015년 11월 13일 밤부터 14일 새벽까지, 록 밴드 공연이 열리던

미사 중 테러로 사망한 프랑스 생테티엔뒤루브레 성당의 신부 아멜

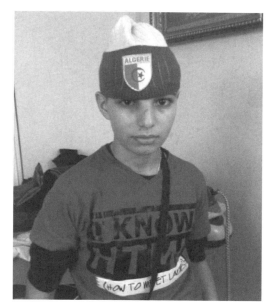

프랑스 성당 테러리스트 중 한 명인 케르미슈
85세 신부를 잔인하게 살해한 그의 나이는 불과 19세였다.

파리 바타클랑(Bataclan) 극장과 프랑스와 독일 축구경기가 열리던 생드니(Saint-Denis) 경기장 등에서 총기난사와 자살 폭탄테러가 발생해 130명 이상이 사망했다.

ISIS는 이 테러가 자신의 소행이라고 밝혔다. 파리시민인 레리(Antoine Leiris)의 아내는 바타클랑 극장의 공연을 보러갔다가 테러리스트의 무차별 총격으로 사망했다. 그녀는 사랑하는 남편과 생후 1년 5개월 된 아들을 남기고 세상을 떠났다. 다음은 테러로 아내를 잃은 레리가 페이스북에 올린 강력한 메시지다.

나는 당신들에게 내 분노를 선물하지 않겠다

금요일 밤, 당신들은 비범한 생명을 앗아갔다. 내 인생의 사랑, 내 아들의 엄마를. 그러나 당신들에게 내 분노를 선물하지 않겠다. 나는 당신들이 누군지 모른다. 알고 싶지도 않다. 당신들은 죽은 영혼이다. 당신들이 맹목적으로 사람들을 살해해 바친 그 신이 우리를 그의 형상대로 만들었다면 내 아내의 몸에 박힌 총알 하나하나는 그 신의 심장에 한 군데씩 상처를 입혔을 것이다.

그러나 나는 내 분노를 당신들에게 선물하지 않을 것이다. 내 분노를 얻고 싶었겠지만 분노와 증오를 당신들에게 돌려주는 건 죽은 희생자들을 당신들과 똑같은 무지한 존재로 만드는 것에 불과하다. 내 조국의 사람들을 불신하게 하고 안전을 위해 자유를 희생하게 하려고 내가 겁먹기를 바라겠지만 당신들은 실패했다.

레리는 파리 테러로 헤어·메이크업 아티스트였던 아내를 잃었다.
사진은 파리 테러로 살해당한 아내가 남편의 얼굴에 수염을 그려주는 모습이다.

오늘 아침에 아내를 봤다. 몇 날 몇 밤에 걸친 기다림 뒤였다. 그녀는 금요일 밤 외출할 때와 똑같이 아름다웠다. 지난 12년간 맹목적으로 사랑했던 모습 그대로 아름다웠다. 물론 나는 고통으로 몸서리를 친다. 이것은 당신들의 작은 승리일 것이다. 그러나 고통은 오래가지 않는다. 나는 아내가 매일매일 우리와 함께할 것이며 우리는 당신들이 절대 가지 못할 자유와 사랑의 천국에서 다시 만날 것을 안다.

아들과 나, 둘만 남았다. 그러나 우리는 세계의 모든 군대를 합친 것보다도 더 강하다. 나는 당신들에게 더 신경을 쓸 시간 따위가 없고 지금 막 잠에서 깨어난 아들에게 돌아가야 한다. 아들은 갓 17개월이 됐다. 평소처럼 밥을 먹고 평소처럼 함께 놀 것이다. 그리고 내 아들은 살아가는 동안 행복하고 자유롭게 삶으로써 당신들을 괴롭힐 것이다. 당신들은 내 아들의 분노도 돌려받지 못할 테니까(〈허핑턴포스트 코리아〉, 2015. 11. 17).

테러 도구의 다양화

전통적 테러수단, 즉 급조폭발물(improvised explosive device) 뿐만 아니라 도끼, 칼, 낫, 트럭, 휘발유, 염산 등 일상의 다양한 도구가 테러의 수단으로 사용된다는 사실도 현대 테러리즘의 특징이다. 폭탄, 총기 등은 구입과 운반 등 테러의 전 과정에서 어려움이 동반되지만 도끼, 칼, 트럭 등은 일상 생활용품이어서 구입도, 운반도 쉽다. 반대로 말하자면 이를 적발하고 테러를 막아내려는 노력은 현실적으로 한계가 있을 수밖에 없다.

　최근 이라크와 시리아의 ISIS는 미국, 러시아, 영국, 프랑스 등 다국적군의 폭격 지원에 힘입은 이라크와 시리아군의 공격으로 자신들이 통치하던 주요 영토를 상실했다. 그런데 ISIS가 군사적으로 자신들의 영토에서 수세에 몰리면서 역설적으로 더욱더 다양한 유형의 테러가 등장했다.

　축제를 즐기는 무고한 시민을 트럭으로 깔아뭉갠다든지, 도끼와 낫 등을 이용해 극심한 공포를 주는 방식으로 시장, 버스, 기차 등에서 무고한 시민을 살해한다든지…. ISIS는 과거에는 상상할 수조차 없었던 모든 방법을 동원해 무고한 시민을 대상으로 하는 테러를 전 세계 테러동조자에게 지시하고 격려한다.

　2016년 7월 18일 독일에서 통근열차 도끼테러를 벌인 사람은 아프가니스탄 난민 출신의 17세 청년이었다. '알라는 위대하다'고 외치며 도끼를 휘두른 그는 현장에서 사살됐다. ISIS는 자신들을 따르는 전사가 이 테러를 저질렀다고 밝혔다. 그가 아버지 앞으로 남긴 쪽지에는 "이교도에게 복수하고 하늘나라로 갈 수 있도록 나를 위해 기도해 달라"는 내용이 적혀 있었다. 테러리스트는 범행 전 선전영상을 촬영했으며 주요 내용은 다음과 같다.

　너희가 우리 국가로 와서 남녀노소 사람들을 죽일 수 있는 시대는 끝났

2016년 7월 18일 독일 통근열차 도끼 테러리스트

다. 아무도 너희에게 서방세계가 중동에서 펼친 학살을 묻지 않았고 지도자들은 이러한 학살에 대해 침묵했다. 무슬림은 말로써 너희에게 대항할 수 없었다. 말로 하는 저항은 이제 끝이다.

나는 집과 거리에서 너희를 도륙할 것이다. 나는 이 칼로 너희를 도륙하고 도끼로 너희의 머리를 잘라낼 것이다(21세기 테러리즘 연구소).

종교 근본주의와의 관계

테러리즘과 종교가 서로 밀접하게 연결된다는 점도 현대 글로벌 테러리즘의 큰 특징이다. 2차 세계대전 이후 현재까지 세계질서는 미국과 유럽의 자유주의 진영이 주도했다. 그리고 이들 나라는 대부분

기독교가 중심인 국가이다. 중동, 아프리카, 서아시아 등 이슬람권 국가의 대부분은 경제적으로 낙후되었으며 정치·사회적으로 불안정하다. 이들 이슬람권 국가는 대부분 영국, 프랑스, 독일 등 유럽 기독교권 국가의 식민지를 경험했으며 2차 세계대전 이후에는 미국이 주도하는 세계질서에서 상대적으로 소외됐다.

이스라엘 건국과 팔레스타인 분쟁, 중동지역의 석유를 둘러싼 서방 다국적기업의 이권개입, 중동지역 반민주적 독재정부의 부정부패, 무능…. ISIS 등 테러조직은 미국과 서방이 이런 상황에 직간접적인 책임이 있다고 주장한다. 미국을 중심으로 한 서방세계가 이스라엘-팔레스타인 분쟁에서 일방적으로 이스라엘을 지원했고 중동의 석유를 독점하고 싼값에 수탈했으며 아랍의 무능하고 부패한 친(親)서방 독재정권을 지원했다는 것이다.

글로벌 테러리즘을 더욱 큰 틀에서 '문명의 충돌'이라는 개념으로 설명하는 시각도 있다. 국제정치 분야의 세계적 석학 새뮤얼 헌팅턴(Samuel Huntington, 1927~2008) 교수는 지구촌의 굵직한 분쟁을 개별국가 간의 이해(利害) 관계 차원이 아니라 서방과 이슬람, 힌두교, 라틴아메리카 등 서로 다른 문화와 종교를 지난 문명 간 충돌의 결과로 이해한다. 찬란한 이슬람 문명을 발전시켰으며 중세와 근대에 걸쳐 약 1천 년 동안 유럽을 압도했다는 자부심을 지닌 아랍·이슬람 진영과 산업화 이후 세계의 패권을 장악한 기독교 진영이 충돌

한다는 것이다.

서구열강의 식민지배를 겪었고 2차 세계대전 이후 국제질서에서 소외된 아랍인 등에게 기독교 문명을 압도했던 찬란한 이슬람의 시대로 돌아가기 위해서는 서방의 자본주의 이데올로기, 기독교 이데올로기를 벗어나 이슬람 종교의 근본으로 돌아가는 것이 필요하다는 이슬람 원리주의자의 주장은 상당한 설득력이 있을 수 있다.

종교, 특히 유일신을 믿는 종교는 본질적으로 타 종교에 배타적인 성격을 지닌다. 자신이 믿는 유일신, 즉 유일하며 전지전능한 신은 모든 것을 관장하며 이교도와 배교도는 구원받을 수 없는 존재이다. 따라서 타 종교에 배타적이며 심지어 적대적일 수 있다.

기독교와 이슬람교는 한 뿌리에서 출발했고 많은 교리를 공유한다. 그러나 그들은 각각 예수 그리스도와 알라를 유일신으로 믿는다. 이들 신앙의 성전(聖典)인 성경과 쿠란 어디에도 죄 없는 사람에 대한 테러를 정당화하는 구절은 찾아볼 수 없다. 현대 글로벌 테러리즘의 여러 양상, 특히 민간인 등 소프트 타깃에 대한 자살 폭탄 테러, 이교도에 대한 참수, 화형 등 무자비한 살상은 어떤 종교의 이름으로도 정당화될 수 없다.

아랍어 이슬람(Islam)의 언어적 의미는 '평화'이고 종교적 의미로는 '복종하는 것'을 뜻한다. 이슬람교의 성전인 쿠란 어디에도 이러한 무차별 살상을 조장하는 구절은 없다. 그러나 기독교의 성경 해석도 종파에 따라 다르듯 이슬람 성전인 쿠란의 구절을 엄격하게 해석하는 원리주의자가 존재한다. 그리고 비록 소수라도 쿠란의 해석이 엄격하면 엄격할수록 열정적 지지자를 확보할 수 있다. 오랜 전쟁으로 제대로 된 직업도 미래에 대한 희망도 없으며 이런 어두운 현실이 미국 등 서방 기독교 국가들 때문이라고 믿는 사람들에게 이슬람 원리주의자의 급진적 쿠란 해석은 매우 매력적일 수 있다.

이슬람 성전인 쿠란 구절의 급진적 해석은 테러조직의 이념을 완성하고 조직원에게 확신을 부여하는 데 필수적이다. 확고한 신앙과 현실적 동기가 없다면 세상 단 하나뿐인 자신의 목숨마저 포기하고 자살 테러를 실행할 수는 없을 것이다. 외로운 늑대형 테러리스트 중 상당수는 이런 급진적 이슬람 원리주의에 동조해 과격해지며 자발적으로 테러를 저지르는 듯하다.

현대 테러리즘의 핵심, 반미

지구촌에서 발생하는 대부분의 테러는 서방 대(對) 이슬람, 잘사는 나라 대 그렇지 못한 나라, 기독교 문화권 나라 대 이슬람 문화권 나라 등의 프레임으로 설명할 수 있다. 이런 프레임을 좀더 자세히 들여다보면 지구촌 테러리즘의 핵심에는 미국이 존재한다. 왜 그런가?

미국은 현재 세계 최강의 나라로 자본주의 진영, 기독교 진영, 부자나라 진영을 대표한다. 지구촌 경찰국가라고까지 부를 수는 없겠지만 미국은 유엔(UN) 안전보장이사회 상임이사국으로서 현재의 국제질서 유지에 가장 큰 역할을 담당한다. 승전국으로서 2차 세계대전 이후 현재의 세계질서를 구축한 핵심나라이기 때문이다.

과격 이슬람 테러조직이 미국을 가장 큰 적으로 보는 구체적 이유로는 이스라엘과 아랍 진영의 분쟁에서 미국의 일방적 이스라엘 지지, 정통성이 부족한 아랍 독재정권에 대한 미국의 지원, 아랍 석유자원에 대한 미국의 독점 등을 거론할 수 있다. 글로벌 테러리즘의 중심에 미국이 있고 해결의 핵심역할 역시 미국이 해야만 하는 이유이기도 하다.

민족자결주의는 국제정치에서 가장 중요한 원리이다. 모든 나라는 고유의 영토와 주권을 지니며 스스로 자신의 운명을 결정할 권리를 갖는다. 설령 그것이 잘못된 결정이라 하더라도 그것은 어디까지나 그 나라 국민의 선택이며 결과도 국민의 책임이다.

그런데 여기서 생각해 볼 문제가 있다. 만일 해당국가가 독재, 국가적 무능 혹은 심각한 자연재해 등으로 국민의 기본권리, 즉 생명과 자유가 대규모로 심각하게 위협받는 상황이 발생한다면 미국 등 서방 선진국은 민족자결주의라는 명분으로 이런 상황을 외면할 수 있을 것인가?

제노사이드(genocide), 독재정권의 심각한 인권탄압, 전쟁 및 대규모 기아로 인한 수많은 인명피해와 난민발생 등은 인류보편의 가치에 반하는 상황으로 유엔이라는 국제기구가 관여할 수 있는 명분과 의무가 동시에 발생하며 이 유엔의 중심에는 미국이 있다. 그러므로 이스라엘-팔레스타인 분쟁, 아랍 및 중남미 독재정권에 의한 국민 탄압, 아프리카 종족 분쟁과 학살 등 지구촌 곳곳에서 발생하는 일들에 미국의 책임이 없다고 하기는 어렵다.

하지만 미국의 가치와 지원은 지구촌 전체의 자유와 민주증진 그리고 보편적 경제상황 개선에 분명히 중요한 역할을 담당했다. 우리나라의 경우만 해도 박정희 독재정권 유지와 전두환 장군의 군사쿠데타 그리고 광주 5·18민주화운동 무력진압 과정에서 미국의 묵인 혹은 추후 인정 등이 있었다. 하지만 한국이 민주주의와 경제발전을 이루는 데에는 미국의 직간접적 지원 역시 중요한 조건 중 하나였다.

현재 글로벌 테러리즘의 중심에는 ISIS가 있다. ISIS는 주로 중동과 유럽 지역을 중심으로 테러를 자행한다. 하지만 이들의 궁극적 목적은 미국을 테러전쟁에 끌어들이는 것이다. 세계 최강의 군사력을 지닌 나라, 이스라엘을 지원하는 나라, 세계 최고의 경제력을 자랑하는 나라 미국을 중동지역에서 몰아내고 자신들이 꿈꾸는 이슬람 종교국가를 세우는 것이 이들의 목표이다. 일부에서는 그것은 명분이고 반미(反美) 지하드를 통해 자신들의 정치권력을 공고히 하는 것이 이들의 실제 목표라는 비판도 있다.

시리아와 이라크에서는 전쟁과 테러로 수많은 아랍 민중이 죽거나 다치고 수백만 민간인이 주변국인 터키, 요르단 등지에 난민으로 떠돈다. 이 전쟁과 테러의 가장 큰 피해자는 노인, 여성, 어린이 등 죄 없고 힘없는 사람들이다. ISIS가 내세우는 반미, 반서방, 반기독교 테러전쟁의 명분과는 다르게 실제 이들의 테러로 가장 고통받는 사람들도 무슬림이며 가장 많이 희생되는 사람들도 무슬림이라는 것은 큰 아이러니다.

ISIS는 현재 미국, 프랑스, 영국 등 자유진영과 시리아의 알아사드 정권을 지원하는 러시아의 공중폭격 그리고 이라크 정부군의 약진으로 자신들이 지배하는 이라크-시리아 내 영토의 상당수를 상실했다. 그러나 이런 상황은 역으로 글로벌 테러가 더욱더 극성스럽게 발생하는 조건이 됐다. ISIS로서는 지구촌 곳곳에서 더욱더 끔찍한 테러를 벌여 자신들의 건재와 영향력을 보여줄 필요가 있기 때문이다.

프랑스, 독일, 영국, 미국 등 세계 곳곳에서 ISIS가 직접 기획한 테러 그리고 ISIS에 충성을 맹세한 자생적 외로운 늑대형 테러리스트의 테러가 극성을 부리며 이는 앞으로도 더욱 심해질 전망이다. 테러의 양상이 이렇게 변하면서 기존의 대테러 전략으로는 사실상 이를 근절시키기 어렵다는 사실은 더욱 암울하다.

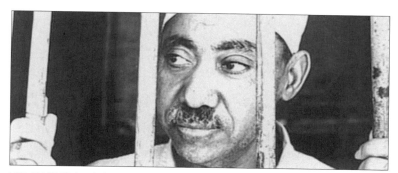
반미 이슬람 원리주의 이론가 사이드 쿠틉

　현대 이슬람 근본주의와 테러리즘의 이론적 기초를 제공한 중요
한 인물 중 한 명인 사이드 쿠틉(Sayyid Qutb, 1906~1966)이 어떻게
미국을 그리고 서구 자본주의 물질문명을 부정하고 종교 근본주의
로 회귀했는지를 살펴보면 무척 흥미롭다. 쿠틉은 이집트의 좋은
집안에서 태어나 수도 카이로의 한 대학에서 서구식 교육을 받았
다. 그가 대학을 다니던 시기에 이집트는 미국 및 서방세계의 물질
문명을 받아들여 근대화를 추구했다. 하지만 2차 세계대전 이후 신
생 독립국 대부분이 그러했듯이 발전은 더뎠고 사회는 혼란스러웠
다. 이런 혼란 속에서 서구 중심의 발전모델에 대한 대안으로 이슬
람 국수주의, 공산주의 등이 활발히 모색됐다.

　교사로 일하던 쿠틉은 1948년, 이집트 국가장학생으로 선발되어
미국 유학길에 올랐다. 그러나 그는 미국 유학 동안 미국식 자본주

의, 물질 만능주의, 개인주의에 부정적 시각을 키웠다. 보수적 무슬림이었던 그는 파티에서 남녀가 부둥켜안고 춤추는 장면을 보고 커다란 문화충격을 받았다. 여성의 가슴이 드러나는 옷은 혐오스러웠고 남녀가 부둥켜안고 춤추는 장면은 동물과 다를 바 없이 느껴졌다.

그가 보기에 할리우드 영화, 큰 차, 비키니 수영복, 대량생산과 대량소비 등 미국을 상징하는 문화는 악(惡)의 근원이었고 쿠틉은 이를 부정하지 않는다면 이슬람 세계의 미래는 없다고 생각했다.

이후 그는 총 24권의 책을 저술하면서 철저한 반미주의자, 철저한 이슬람 원리주의자로 다시 태어났다. 세계의 패권을 장악한 미국식 물질문명을 모델로 근대화를 추구하는 이집트 등 아랍국가의 정책은 근본적으로 잘못됐다는 그의 주장은 이슬람 민중, 특히 청년들 사이에 큰 영향력을 발휘했다.

결국 그는 이집트 나세르 정권 전복 음모죄로 1966년 사형됐다. 그러나 그를 추종하는 수많은 사람이 생겨났으며 그들은 투옥되고 고문받으면서도 더욱 확고한 신념을 키워갔다. 9·11 테러의 총책임자였던 알카에다의 오사마 빈 라덴(Osama bin Laden, 1957~2011)도 이들 중 한 사람이다. 현 ISIS 지도자인 알바그다디(Abu Bakr al-Baghdadi)가 이슬람 원리주의자들의 가장 큰 적으로 미국을 지명하는 것도 결코 우연이 아니다.

이들은 정교분리와 인간의 세속적 욕망에 대한 인정 그리고 이를 바탕으로 한 사회발전모델, 특히 성 해방과 물질만능주의가 이슬람세계, 아니 세상을 오염시키고 타락시키는 주범이라고 생각한다. 그러므로 이슬람 교리의 근본으로 돌아가 신정일치와 엄격한 신앙생활을 지키는 것만이 미국 및 서방의 압제에서 벗어나 살 만한 세상을 만드는 유일한 방법이라고 주장한다. 그리고 이런 주장은 친미 독재정권에 염증을 느꼈던 아랍 민중에게 받아들여졌으며 1979년 2월 이란 혁명, 11월 사우디아라비아 메카 점령사건으로 폭발했다.

사우디아라비아는 석유부국이며 미국의 가장 든든한 우방 중 하나다. 미국의 지원을 받는 사우디아라비아 정권은 이슬람 원리주의자들에게 타도의 대상이다.

이슬람 성지인 메카 점령사건 이후 사우디아라비아 정권은 이슬람 원리주의자들과의 타협을 모색했고, 이슬람 교육에 대한 완화 정책으로 현재 ISIS와 같은 극단적 테러조직이 주장하는 이념과 거의 다를 바 없는 이슬람 교육이 공공연하게 사우디아라비아 모스크(이슬람교에서 예배하는 건물을 이르는 말)에서 이루어진다. 그 결과 9·11 테러의 주범인 빈 라덴을 비롯해 9·11 테러에 실제로 가담한 사람 중 대부분은 사우디아라비아 출신이다. 친미 국가 사우디아라비아의 역설이라고 하지 않을 수 없다.

보수적 무슬림이었던 쿠틉이 미국 유학길에서 본 장면들은 분명

미국의 금발 영화배우이자 세계적 섹시 심벌인
마릴린 먼로 (Marilyn Monroe, 1926~1962)

충격 그 자체였을지도 모른다. 미국 영화에 등장하는 관능적 여성, 광고 속 수많은 성적(性的) 코드 …. 서방세계는 이를 여성해방으로 보지만 이슬람권에서는 이를 성적 타락으로 이해한다. 차도르, 부르카, 히잡 등으로 굳게 가려진 무슬림 여성의 모습은 서방세계에 억압의 상징으로 이해된다.

보수적 무슬림의 관점에서 보면 서방세계의 TV 광고에 등장하는 비키니를 입은 여인, 할리우드 영화에 등장해 성적 매력을 한껏 자랑하는 여인과 주인공 남자배우와의 로맨스는 성적 타락으로 보였을 것이다. 코카콜라, 맥도날드 햄버거, 멋진 자동차, 할리우드 영화 등으로 상징되는 미국식 자본주의 문화에 힘없이 지배당하는 이슬람권의 자존심을 지키기 위해 이슬람 종교의 근본으로 돌아가자는 주장은 자연스러운 논리적 귀결이었을지도 모른다.

이슬람 원리주의는 어떻게 하면 서방세계의 지배로부터 이슬람 국가가 자존을 지키고 발전할 수 있는가 하는 문제의식에서 출발한다. 온건 이슬람 원리주의자는 이슬람 교리를 지키면서도 서방의 앞선 기술과 문화를 받아들여 이슬람 국가의 힘을 키워야 한다는 입장이다.

이집트의 가말 압델 나세르(Gamal Abdel Nasser, 1918~1970) 대통령은 서구의 자본과 기술을 받아들이면서도 수에즈 운하를 국유화하는 등 민족주의적 개혁정책으로 이집트의 발전을 추진했다. 그러나 이런 전략을 채택한 이슬람 정권 대부분은 군부를 기반으로 둔 비(非) 민주적 친미 독재정권으로 변질됐고 부정부패, 무능, 빈부격차 등으로 인해 성공적 발전모델을 보여주지 못했다.

이러한 아랍권 여러 나라의 혼란 상황에서 쿠틉 등 급진적 이슬람 원리주의자는 서구세계, 특히 미국식 자본주의 문명과의 완전한 단절을 주장한다. 서구세계의 가치관을 받아들이는 순간 이슬람 국가는 오염되며 타락하고 발전할 수도 없다는 이데올로기이다. 이들의 급진적 이슬람 원리주의는 분명 시대에 역행하며 이러한 종교적 이상주의가 과연 현실 타당성이 있는가는 차치하더라도 이런 이데올로기에 기초한 과격 이슬람 테러리즘이 평화를 중시하는 이슬람 교리에 부합하는지는 철저하게 검증되어야 할 것이다.

〈표 1〉 최근 대형테러 일지

날짜	내용
2001. 9. 11.	이슬람 무장 테러단체인 알카에다 테러리스트에 의해 납치된 4대의 여객기가 미국 뉴욕의 세계무역센터와 워싱턴 D.C.의 미국 국방부 청사인 펜타곤에 충돌. 2,978명 사망.
2002. 10. 12.	인도네시아 발리의 한 클럽에서 일어난 폭발 사고로 202명 사망.
2004. 3. 11.	스페인 마드리드 기차역에서 동시다발 폭탄테러로 200명 사망, 1,200여 명 부상.
2005. 7. 7.	런던에서 아침 출근 시간에 동시다발 폭탄테러로 50여 명 사망, 700여 명 부상. 알카에다 소행 추정.
2009. 11. 27.	러시아 노브고로드 주에서 열차가 지날 때 철로에서 폭발물이 터져 27명 사망, 90여 명 부상.
2014. 2. 16.	이집트 테러단체 안사르 베이트 알마크디스가 시나이 반도서 버스 폭탄테러를 저질러 한국인 3명 사망하고 14명 부상.
2015. 1. 7.	이슬람 극단주의자 쿠아치 형제 등 3명, 파리 주간지 〈샤를리 에브도〉 사무실서 총기 난사해 기자 등 12명 사망.
2015. 1. 8.	이슬람 극단주의자 아메디 쿨리발리가 파리 남부 몽루즈에서 자동소총을 난사, 여성 경찰관 1명 살해.
2015. 1. 9.	쿨리발리, 파리 동부 유대 식료품점에서 인질극으로 인질 4명 사망. 파리 근교 인쇄소에서 인질극 벌인 쿠아치 형제와 쿨리발리 사살.
2015. 8. 18.	태국 방콕 도심의 관광명소 에라완 사원 근처에서 폭탄이 터져 20명 사망, 125명 부상.
2015. 10. 10.	터키 앙카라역 광장에서 대규모 자살 폭탄테러로 102명 사망. 터키 내 발생한 테러 희생자 수로는 최다. ISIS 소행으로 추정.
2015. 10. 31.	러시아 민항 여객기가 이집트의 홍해변 휴양지 샤름 엘 셰이크를 이륙해 러시아 상트페테르부르크로 향하던 중 시나이 반도 중북부에서 추락, 승객 217명과 승무원 7명 등 탑승자 224명 모두 사망. ISIS 배후 자처.
2015. 11. 13.	프랑스 파리에서 동시다발적인 무장괴한 총기 난사와 폭발로 130명 사망. ISIS 조직원들의 테러로 결론.
2015. 12. 2.	미국 캘리포니아 주 샌버너디노의 발달장애인 복지·재활 시설에서 부부가 총기를 난사해 14명 사망. 미국 수사당국은 극단주의에 빠진 무슬림의 자생적 테러로 결론.

〈표 1〉 계속

날짜	내용
2016. 1. 12.	터키 이스탄불의 대표적 관광지인 술탄 아흐메트 광장에서 폭탄테러로 의심되는 사건으로 최소 10명 사망.
2016. 3. 13.	터키 수도 앙카라의 도심에서 자동차를 이용한 자살 폭탄테러로 최소 34명 사망, 125명 부상.
2016. 3. 19.	터키 이스탄불 최대 번화가인 이스티크랄 가에서 발생한 자살 폭탄테러로 5명 사망, 39명 부상.
2016. 3. 22.	벨기에 브뤼셀 자벤템 국제공항 출국장에서 최소 두 차례, 브뤼셀 시내 유럽연합(EU) 본부와 가까운 말베이크 역에서 한 차례 폭발이 발생해 총 32명이 사망하고 3백여 명 부상. ISIS 테러로 결론.
2016. 6. 12.	미국 플로리다주 올랜도 펄스 나이트클럽에서 총격과 인질극 발생해 50명 숨지고 최소 53명 부상. 미국 수사당국은 테러 행위로 보고 수사 중.
2016. 6. 28.	터키 최대도시 이스탄불의 아타튀르크 국제공항에서 자살 폭탄테러가 발생해 최소 36명이 숨지고 147명 부상. 터키 당국은 ISIS 소행으로 추정.
2016. 7. 1~2.	방글라데시 수도 다카의 외국공관 밀집지역 음식점에서 무장괴한들이 인질극을 벌여 외국인 20명 살해. 일본, 이탈리아인이 주를 이룬다고 군 당국이 발표. ISIS가 사건배후 자처.
2016. 7. 14.	프랑스 남부 해안도시 니스에서 혁명기념일인 '바스티유의 날' 행사가 끝난 뒤 흩어지는 군중을 향해 트럭 한 대가 돌진, 최소 70명이 사망, 100명이 부상.
2016. 7. 23.	독일 남부 바이에른 주 뮌헨 도심 올림피아 쇼핑센터 인근에서 18세 이란계 독일인이 총기를 난사해 9명 사망, 20여 명 부상.

출처: 〈연합뉴스〉, 2016. 7. 23.

테러의 미래 전망

대량살상무기를 이용한 메가 테러

현대 테러리즘을 연구하거나 테러와의 전쟁을 벌이는 정부 및 정보 관계자가 크게 염려하는 것이 있다. 이른바 핵 테러, 화학무기 테러 등 상상하기조차 끔찍한 피해를 불러일으킬 수 있는 대규모 살상테러이다. 과거와 달리 핵무기는 더 이상 미국, 소련, 프랑스, 영국 등 몇몇 선진국의 전유물이 아니다. 소련에서 분리독립한 일부 나라는 이미 핵무기를 보유했다. 그러나 이들 나라에서 핵무기 관리와 폐기 등이 어떻게 이루어지는지는 정확하게 알 수 없는 상황이다.

테러조직이 석유, 마약 거래, 인질 보상금 등을 통해 확보한 자금은 이들이 핵무기, 화학무기 등을 자체적으로 개발하거나 혹은 소련 붕괴 후 관리가 느슨해진 핵무기, 화학무기 등을 입수할 가능성을 증대시킨다. 만일 테러조직의 손에 핵무기가 단 한 개라도 건네지거나 대량살상 화학무기가 넘어간다면 영화에서나 볼 수 있었던 대규모 테러가 현실에서 일어날 수 있다.

핵무기 혹은 대량살상용 화학무기에 의한 대규모 테러, 즉 메가 테러(*mega-terror*)의 위험은 점차 커졌으며 많은 테러전문가는 이를 염려한다. 상상하는 것만으로도 끔찍하지만 이런 위험은 실제로 점점 더 가시화됐다.

또한 '적의 적은 나의 편'이라는 논리로 미국과 러시아 사이의 신(新)냉전이라 불리는 갈등상황 때문에 미·러 양국은 각각 상대국을 해코지하려는 테러조직에 음으로 양으로 무기·자금·인력 등을 지원할 가능성을 열어둔다. 실제로 아프가니스탄에서는 미국과 러시아가 각각 상대편 테러조직을 지원하여 이들 테러조직과 아프가니스탄 정부군 사이의 대리전이 벌어지기도 했다. 빈 라덴은 소련이 아프가니스탄을 침공했을 때 이슬람 형제애 차원의 성전을 모토로 소련과의 전쟁에 돌입했고 미국은 빈 라덴에게 무기와 자금을 지원하여 소련을 견제했다.

더티 밤, 추악한 생화학 테러

핵무기 테러위협이 가까운 미래에 실현될 가능성은 크다고 할 수 없지만 생화학무기, 이른바 더티 밤(*dirty bomb*)을 이용한 테러는 실제 위협으로 다가온다.

일본 도쿄에서는 사린가스 지하철 테러가 발생하기도 했다. 일본의 사이비 종교단체 옴진리교는 1995년 3월 20일 도쿄 지하철에 사린가스를 살포하는 테러를 자행해 전 세계를 경악시켰다. 옴진리교

사이비 종교단체 옴진리교 교주 아사하라 쇼코(麻原彰晃)

는 세균무기와 핵무기에 의한 인류 종말론을 주장한 종교단체이다. 도쿄 지하철 3개 노선에서 벌어진 사린가스 테러로 12명이 사망하고 5천여 명이 중경상을 입었다.

사린가스는 사람의 신경기능을 마비시키고 사망에 이르게 하는 치명적인 화생방 무기이다. 무색무취의 액체로 휘발성이 아주 강해 공기 중에 빠르게 확산한다. 2차 대전 중 나치독일이 개발해 이란-이라크 전쟁과 이라크의 쿠르드족 진압 때 사용되기도 했다.

탄저균 테러에 대한 우려도 커졌다. 2차 세계대전 당시 미국, 일본, 독일, 소련, 영국 등은 탄저균 개발에 힘을 쏟았다. 특히, 반인류적으로 식민지 저항인사 및 포로를 대상으로 생화학무기를 실험했던 일본 731부대는 탄저균 살포를 통한 대량살상 방법까지 연구했다고 한다.

탄저균이 생화학무기로 주목받는 이유는 살상력이 강력하고 제작과 보관이 상대적으로 쉽기 때문이다. 탄저병 발병 뒤 24시간 이내에 해독제를 복용하지 않으면 치사율이 85% 이상에 이를 정도로 매우 치명적이다.

미국 등 국제사회는 이러한 핵무기 및 생화학무기 생산과 유통을 제한하기 위해 여러 노력을 기울이지만 이를 완벽하게 차단하기는 현실적으로 어렵다. 대량살상무기 확산방지기구(PSI: Weapons of Mass Destruction Proliferation Security Initiative)를 통해 이러한 무기가 테러 혹은 국가 간 전쟁에서 사용되는 것을 막기 위해 노력하지만 국제법 자체가 무시되는 상황에서 효력은 의문시된다.

사이버 테러 위협 증대

생화학무기, 핵무기 등을 이용한 대량살상 테러, 이른바 메가 테러의 위협은 점점 현실로 다가온다. 이와 함께 현대 테러리즘의 특징 중 하나는 바로 사이버 테러라고 할 수 있다.

거대 도시의 전기, 상하수도, 지하철 운송, 항공기 운항 그리고 현대사회의 모든 질서의 근본이 되는 각종 금융처리, 재산관리 및 행정 등은 모두 전산으로 처리된다. 개인 및 공공기관 사이의 모든 일도 대부분 이메일 및 전산망을 통해 이루어진다.

　그러나 인터넷망으로 연결된 이러한 편리한 세상은 한편으로 해킹과 사이버 테러에 취약하다. 항공기 운항이 컴퓨터를 통해 자동으로 관리되는데 만일 테러조직이 항공 컴퓨터망을 장악한다면, 그래서 항공기끼리 충돌하는 일이 벌어진다면, 전력망이 일시에 무력화되고 이로 인해 병원 등 긴급시설의 모든 전력이 차단된다면, 상하수도 운용체계를 관리하는 컴퓨터가 해킹되어 상하수도 공급에 문제가 생긴다면, 핵발전소 운영 컴퓨터 체계가 해킹되어 원자력발전소가 비정상적으로 가동된다면, 당신의 은행계좌에 있던 돈이 하루아침에 사라진다면, 그게 한두 사람에게 일어나는 것이 아니라 전 세계적 규모로 발생한다면…. 그 피해는 상상을 초월할 것이다. 사이버 테러의 심각성은 인명피해뿐만 아니라 우리 일상생활의 기반이 송두리째 무너진다는 점이다.

테러수단의 다양화

일단(一團)의 무장 테러리스트가 항공기를 납치하고 공항에서 인질 극을 벌이며 대치한다. 테러리스트는 인질과 정치범(그들은 자기 조 직의 테러리스트를 정치적 소신을 지키다 투옥된 정치범이라 주장한다)의 맞교환을 요구한다. 그리고 이런 항공기 테러 대치상황은 미디어를 통해 대중에게 알려진다. 테러리스트는 인질을 살려주는 조건으로 자신의 요구를 생중계할 것을 강요하기도 한다. 이런 종류의 테러 가 우리가 봤던 전형적인 테러의 양상이었다.

글로벌 테러리즘 초기에는 테러의 수단과 방법 그리고 대상이 현 재와 무척 달랐다. 대부분 전통적 무기인 총, 폭탄 등을 이용해 정 부인사를 납치 · 암살하거나 주요 시설물을 파괴했다. 그러나 현대 테러에서는 차량, 도끼, 낫 등 상상할 수 있는 모든 도구가 테러에 이용되며 전 세계를 경악시키는 민간인을 대상으로 한 자살 폭탄테 러, 참수, 화형 등의 반인륜적 테러가 이어졌다.

세상 모든 일이 그러하듯이 항공기 납치, 요인 암살 등이 반복되 자 이런 테러가 더는 세상의 이목을 끌지 못했다. 미디어의 속성상 유사한 일이 반복되면 더는 뉴스거리가 되지 못한다. 그리고 결정적 으로 보안당국의 노력으로 항공기 납치 및 주요 인사에 대한 테러는 쉽게 이루어지기 어렵다. 이런 테러는 오랜 준비와 비용 그리고 많은 인원의 참여가 필요하다. 그리고 일단 테러가 발생하면 테러리스트의 안전을 보장하기가 무척 어려우며 이들이 체포되면 테러를 기획하고 실행한 조직 전체의 안전이 위협받기도 한다.

9·11 테러는 테러리즘 역사상 가장 중요한 사건이라고 할 수 있다. 미국 본토를 겨냥했다는 점, 수많은 무고한 민간인이 희생됐다는 점, 뉴욕 쌍둥이 빌딩 및 펜타곤 건물 등 상징성이 크고 많은 사람이 활동하는 건물을 대상으로 삼았다는 점, 항공기를 '납치'하는 것이 아니라 항공기를 '장악'하여 자체를 무기로 삼았고 일체의 정치적 요구를 협상과정에서 내걸지 않고 즉시 테러를 완결했다는 점, 테러리스트가 민간인 탑승객과 함께 빌딩에 충돌해 자살 테러를 감행했다는 점, 무엇보다도 수많은 무고한 민간인이 테러로 참혹하게 희생되는 과정이 CNN 등을 통해 전 세계에 생중계됐다는 점 등이 9·11 테러의 큰 특징이다.

9·11 테러의 테러리스트들은 도대체 무슨 이유로 민간 항공기 승객, 쌍둥이 빌딩에서 일하는 수많은 사람을 대상으로 자살 테러를 감행했을까? 그들이 노린 것은 과연 무엇일까? 자폭한 항공기 승객과 쌍둥이빌딩 근무자 중에는 무슬림도 있었으며 대부분 하루하루를 열심히 살아가며 행복한 삶을 꿈꾸던 평범한 시민이었다.

이 질문에 답하기 위해 우리는 테러리즘의 정의를 다시 한 번 살펴볼 필요가 있다. 테러라는 것은 공포, 위협의 상태이며 테러리즘은 이를 이용하여 자신의 정치적 목적을 달성하려 하는 일체의 행위이다. 이러한 테러리즘의 정의에 기초해 볼 때 쌍둥이빌딩의 민간인을 대상으로 한 항공기 테러는 가장 극적이며 가장 큰 공포를 불러일으킬 수 있다. 테러대상 국가의 국민에게 극심한 공포를 불러일으킴으로써 이들을 위축시키고 테러 전쟁의 의지를 약화하고 내부 분열을 유도할 수 있다. 또한 테러진영 내부에서 주도권을 장악함으로써 자신들의 정치적 위상을 강화하는 데도 큰 도움이 된다.

테러로 인해 대중 속에 퍼져가는 두려움, 그 두려움의 반작용으로 생겨나는 무차별적 적개심과 이런 적개심에 기반을 둔 대규모 군사적 공격으로 테러를 막을 수는 없다. 테러집단이 무고한 인명을 살상하는 반인륜적 범죄를 저지르면 이를 접하는 사람들 마음속에는 두려움과 함께 분노와 적개심이 교차한다.

그리고 이러한 대중심리를 이용하려는 정치세력도 존재한다. 이들은 테러집단과 그 집단이 소속된 종교 그리고 국가를 동일시하며 이들에 대한 전면적 차별과 전쟁을 선동하기도 한다. 그렇게 해야만 자국의 안전과 이익을 지킬 수 있다고 주장한다.

그러나 이런 주장, 즉 테러집단과 그 집단이 소속된 종교 혹은 국가 전체를 동일시하는 태도야말로 테러리즘이 숨 쉬고 성장할 수 있는 자양분이다. 테러를 막으려는 정보당국과 군경의 노력 못지않게 테러가 생겨나는 근본원인인 차별과 오랜 불신을 해소하려는 노력

없이는 테러를 근본적으로 막을 수 없기 때문이다.

테러조직은 자신들이 전통적으로 쓰던 방법, 즉 항공기 테러나 요인 납치, 암살 등으로 더는 목적을 달성하기 어려워지자 전보다 더 충격적이고 더 큰 공포심을 불러일으킬 수 있는 테러를 기획하고 실행한다. 이제 테러의 대상은 시장, 극장, 병원 등의 무고한 사람들이다. 거기에 어린이, 임산부 등이 다수 포함됐다면 테러리스트가 노리는 더욱 극적 상황이 연출될 수 있다. 자살 테러리스트가 여성 혹은 어린 소년이라면 이로 인한 공포심과 충격은 더욱 커질 것이다. 이런 식으로 테러는 갈수록 무차별적이고 자극적이고 반인륜적으로 진화한다.

최근에는 급조폭발물을 이용해 다수의 무고한 사람을 살상하는 자살 폭탄테러뿐만 아니라 칼, 도끼, 낫, 차량 등 일상생활에서 흔히 사용하는 도구를 이용한 테러도 발생한다. 이런 도구들은 대테러 당국이 적발하기 어려우며 불특정 다수의 마음속에 극심한 공포를 불러일으켜 일상생활에 큰 장애를 줄 수 있다. 테러리스트는 바로 이러한 일상의 파괴, 평화롭고 소소한 생활 속 행복의 파괴를 통해 서구사회 전체의 활력, 신뢰, 관용을 떨어트리고 궁극적으로는 자유 민주주의 체제의 마비를 목표로 한다.

현대 글로벌 테러리즘의 흐름에 비추어볼 때 불행하게도 테러는 이미 우리 일상의 한 부분이 됐으며 정보력, 군사력, 경찰력 등 전통적 대테러 역량만으로 이를 막기는 사실상 불가능하다. 테러리즘이 발생하고 크는 자양분이 되는 상황, 즉 모든 종교적, 정치적, 인종적 차별과 부정부패, 반민주 독재정치, 실업, 빈곤 등의 문제에 대한 근본적 해결 없이는 테러를 근절할 수 없다.

서로 용서하고 화해하고 공존하려는 노력이 없다면 우리는 어쩔 수 없이 테러와 함께 살아가야 할지도 모른다. 테러를 물리적 힘만으로 제압할 수는 없다는 사실을 우리는 인정해야 한다.

**테러리즘과
테러조직의 신무기, SNS**

1972년 9월 5일 새벽, 제20회 올림픽이 열리던 독일 뮌헨에서 팔레스타인 해방을 주장하는 '검은 9월단' 소속 테러리스트들이 이스라엘 선수촌을 습격해 코치 1명과 선수 1명을 사살하고 9명의 인질을 납치했다. 테러리스트들은 인질을 살려주는 조건으로 이스라엘 교도소에 갇힌 정치범 2백여 명의 석방을 요구했다.

이 사건은 공항에서 테러리스트들이 인질을 데리고 이집트로 떠나기 위해 이동하던 중 진압하던 군경과 총격전이 벌어져 테러리스트 5명과 인질 9명 전원이 사망하는 비극으로 끝이 났다.

올림픽이라는 국제적 행사가 열리던 상황에서 발생한 이 테러는

뮌헨 올림픽 테러

전 세계에 생중계됐고 이스라엘-팔레스타인 문제에 국제적 관심을 불러일으키는 데 성공했다. 테러리즘과 미디어가 어떻게 연결되는지를 보여주는 대표적 사건이었다. 또한 이 사건은 현대 글로벌 테러리즘과 미디어의 관계를 이해하는 데 중요한 단서를 제공했다.

전 세계 어디든 인터넷으로 연결된 세상에서는 모든 일이 실시간으로 중계되고 전파될 수 있다. 인터넷 기반의 뉴미디어가 등장하기 이전에는 지상파 TV, 라디오, 신문 등 전통 매체가 보도하지 않는 이상 아무리 끔찍하고 충격적인 사건이 일어나더라도 그것이 전 세계 사람들에게 알려지지는 못했다. 즉, 전통 언론매체가 어떤 사건을 다루지 않는 이상 그것은 사실상 뉴스가 아니었으며 현실세계에 어떤 의미 있는 영향을 미칠 수 없었던 것이다.

이런 미디어 환경에서는 테러리스트가 벌이는 충격적인 테러도 어느 정도 여과되어 대중에게 전달된다. 물론 자유주의 진영에는 '언론의 자유'라는 핵심가치가 존재하기에 완벽한 언론통제는 사실상 불가능하다. 미디어 간 속보경쟁과 특종경쟁 역시 치열하지만 그래도 정치권력과 사회통념이라는 장치를 통해 여과되어 대중에게 전달됐던 것이다.

언론의 자유라는 핵심가치를 지키는 자유진영에서는 있을 수 없는 일이겠지만 테러리즘과 관련해 언론이 완벽하게 통제되는 상황을 가정해 보자. 테러리스트가 항공기 테러를 벌여 인질을 잡고 자신의 요구가 관철되지 않자 인질을 한 명씩 죽이는 상황이 벌어진다. 그러나 전통 미디어는 대테러 당국의 요청으로 이를 뉴스로 다루지 않는다. 불가능한 일이지만 만약 이런 상황이 실제로 가능하다면 테러리스트는 테러로 달성해야 할 중요한 목표를 사실상 하나도 이룰 수 없을 것이다.

항공기 납치와 인질 대치라는 극적 상황이 생중계되면 이를 지켜보는 대중의 마음속에 1차적으로는 인질의 신변에 대한 염려와 공포심이 생겨난다. 그리고 2차적으로 테러리스트가 왜 그런 테러를 벌였는지에 대한 궁금증, 즉 테러리스트가 요구하는 내용에 관한 관심이 생겨날 수 있다. 이런 과정에서 정부 당국의 대처에 대한 불만, 사회불안, 협상에의 압력 등이 발생한다.

테러리스트는 테러라는 행위를 통해 자신의 주장을 전파하고 궁극적으로는 그것을 관철하는 데 유리한 환경을 만들고자 한다. 테러 상황이 최대한 극적으로 더 많은 대중에게 전달되는 것은 이런 모든 목적을 달성하기 위한 대전제이다.

극단적으로 말해 미디어가 테러를 보도하지 않는다면 테러는 상당수 줄어들 것이라는 주장도 이론적으로는 가능하다. 자유주의 진영은 사상의 자유, 표현의 자유, 언론의 자유를 무엇보다 소중한 기본권리로 보장한다. 폭력을 조장하고 실제로 폭력을 행사하지 않는다면 어떤 주의주장도 펼칠 권리가 있다는 사실은 매우 중요하다. 여기에는 그래야만 다양한 사상이 이념의 자유시장에서 토론과 경쟁을 거칠 수 있고 그 과정에서 궁극적으로는 인류의 복리증진에 기여할 수 있는 사상이 승리할 것이라는 믿음이 있다.

그러나 이런 자유주의 진영의 언론 자유는 현재 글로벌 테러리즘과의 전쟁에서 심각한 한계를 안은 것 또한 사실이다. 언론 자유의 속성상 자유주의 진영 내에서는 테러의 원인과 대처 그리고 전망에 대한 다양한 의견이 존재하며 이는 언론을 통해 여과 없이 공개된다. 예를 들어 미국 내 보수주의 언론은 오바마 대통령의 대테러 전략, 즉 간접적 개입과 화해 및 타협의 전략을 비판한다. 심지어 미국의 대테러 전쟁은 실패했으며 결국 불행하게도 테러리스트에게 패배할 것이라는 전망도 내놓는다.

테러리스트는 이런 보수주의 진영의 언론보도를 자신에게 유리한 방향으로 편집해서 다시 SNS 선전선동 영상으로 활용한다. 자유주의 진영 내부에서 언론의 자유가 보장되는 상황을 역으로 이용하는 것이다. 이들은 마치 자유주의 진영이 심각하게 분열됐고 대테러 역량은 형편없으며 정당성도 없고 패배할 수밖에 없다는 식으로 편집해 자신들의 선전선동에 활용한다. 자유주의 진영 내부에서 언론의 자유가 보장되는 상황을 역으로 이용하는 것이다.

컴퓨터 처리 및 검색기술, 디지털 압축과 전송기술, 미디어 촬영 및 편집기술 등 21세기는 과학기술 분야, 그중에서도 특히 커뮤니케이션 관련 정보통신 분야에서 혁명적 발전이 이뤄졌다. 누구나 손쉽게 촬영하고 편집할 수 있으며 인터넷 플랫폼을 통해 이를 전 세계에 전할 수 있다. 실시간 생중계도 물론 가능하다. 장비는 소형화되고 가격은 저렴해졌으며 사용 편의성은 증대됐다.

언론의 자유라는 소중한 가치를 존중하는 자유주의 진영에서는 테러리스트의 선전선동 영상도 자유롭게 유통된다. 당국에 의한 검열은 그 자체로 언론의 자유보장 측면에서 문제가 된다. 또한 개인 대 개인 간 소통을 매개하는 SNS(*social network service*)를 사실상 통

ISIS가 인질을 화형하는 반인륜적 장면을 촬영하고 있다. 이렇게 촬영된 영상은 ISIS의 선전선동 영상으로 쓰인다. 그리고 SNS를 통해 검열되지 않고 세상에 전파된다.

제할 방법도 마땅치 않다.

테러리스트는 뉴미디어를 이용해 전 세계의 소외된 청소년을 유혹한다. 참수, 화형 등 선정적 영상을 교묘하게 편집해서 이를 정당화시킨다. 선전선동 영상은 마치 할리우드 영화를 방불케 할 정도로 그럴듯하다. 실제로 ISIS 내부에는 선전선동을 담당하는 수준 높은 영상전문가가 있는 것 같다. 이들이 만든 선전선동 영상에서 자살폭탄테러는 성전(聖戰)을 수행하는 과정의 순교로 미화된다.

서방세계의 물질주의에 염증을 느낀 청년들, 상대적 박탈감과 소외감, 무력감에 시달리는 청년들에게 가상게임이 아니라 실제세계에서 총을 들고 전투하는 장면을 미화시킨 선전선동 영상은 매력적일 수 있다. 영상 속 세상에서 테러리스트 전사는 아름다운 여성과 결혼해서 행복하게 잘 살기도 한다. 만약 순교한다면 그의 아내와 자녀는 충분한 경제적 보상을 받을 것이라는 현실적 유혹도 빠트리지 않는다.

단순한 호기심으로 ISIS의 선정적 영상을 접했다가 SNS를 통해 반복적으로 노출된 청소년은 자신도 모르는 사이에 세뇌(brain wash)되어 테러리스트의 포섭대상이 된다. 이 순간부터는 대테러 당국의 검열을 피할 수 있는 암호화된 채팅 앱(application)을 이용한 교신이 이루어진다. 그들 중 일부는 실제로 이라크, 시리아 국경을 넘어 ISIS로 들어가거나 자국 내에서 충격적인 테러를 벌이는 잠재적인 외로운 늑대형 테러리스트가 되기도 한다.

청소년기의 특성상 세상에 대한 전체적 이해는 부족할 수 있지만 정의감은 크다. 부당한 현실에 대해 분노하고 이를 행동으로 즉시 해결할 수 있다고 믿으며 실제로 위험을 무릅쓰고 행동하려 한다. 불완전하고 모순된 세상, 불확실한 미래, 소속감 부재, 정서적 불안정, 충동적 사고, 행동으로 세상을 변화시킬 수 있다는 믿음…. 여기에 선정적 영상으로 포장된 테러리스트의 편향된 이데올로기가 더해지고 이런 과정이 반복되면 세뇌가 이루어진다.

세뇌를 거친 청소년 중 일부는 실제 테러조직에 가담하기 위해 국경을 넘어 시리아, 이라크로 가기도 하고 자국에서 특별한 징후 없이 평범하게 생활하다가 어떤 계기로 충격적인 외로운 늑대형 테러를 저지르기도 한다. 청소년이 테러리즘에 세뇌되는 구체적 과정이 밝혀지지는 않았지만 대략 이러한 단계를 거치는 듯하다.

개인 대 개인 사이의 SNS를 통한 커뮤니케이션은 속성상 대테러 당국에 의해 검열되기 어렵다. 미국 국가안보국(NSA), 중앙정보국(CIA) 요원이었던 스노든(Edward Snowden)은 9·11 테러 이후 테러방지라는 명분 아래 진행된 NSA의 무차별적 개인 이메일 감청 등 국가의 감시를 폭로했다. 해외에 망명 중인 스노든은 국가의 안보를 위험하게 한 반역자인가, 아니면 개인의 통신자유를 지키기 위해 위험을 무릅쓴 용감한 내부고발자인가? 국가안보·국민생명 보호 대 프라이버시 보호·언론의 자유 논쟁은 현재도 진행 중이다.

이슬람·무슬림에 관한
오해와 진실

미디어 속 왜곡된
이슬람 이미지

이슬람 혹은 무슬림이라는 말을 들으면 어떤 생각이 드는가? 히잡, 부르카, 차도르 등 검은 천으로 얼굴을 가린 이슬람 여인을 보면 어떤 느낌이 드는가? TV에서 중동지역 전쟁, 테러 뉴스를 접하면 어떤 기분이 드는가? 혹시 이슬람이나 무슬림 하면 야만적이고 광신적이고 여성을 억압하고 미국을 증오하고 자살 폭탄테러를 저지르고 문명을 파괴하는 이미지가 떠오르지는 않는지? 이슬람교를 믿는 사람끼리도 종파에 따라 서로 피비린내 나는 전쟁을 일삼으니 같이 있으면 무언가 좋지 않은 일이 생길 것 같고 이민자로 받아들이면

안 될 것 같다고 생각하지는 않는지?

그러나 이런 이미지는 대부분 미디어를 통해 우리에게 각인된 것이다. 이슬람과 무슬림을 제대로 아는 사람은 많지 않다. 실제로 무슬림을 만나본 사람도, 이슬람 종교에 접해 본 사람도 거의 없다. 이슬람 종교와 무슬림을 제대로 배우거나 생각할 기회조차 없었던 것이다.

기껏 긍정적 이미지라고 해야 석유자원이 많은 나라, 오일달러를 벌기 위해 우리 노동자가 사막에서 땀 흘린 나라, 《아라비안나이트》의 신비로움을 지닌 나라…. 이런 정도의 이미지를 연상하는 경우가 대부분이다. 미국 등 서방 선진국 중심의 국제정치 질서와 이를 반영한 언론 환경에 지속해서 노출됐기 때문에 어찌 보면 이슬람 종교와 무슬림에 대한 막연한 부정적 인식은 당연한 결과일지도 모른다.

인류학자들은 원시사회 연구를 통해 이질적 민족과 다른 종교에 대한 본능적 배척의 이유를 설명할 수 있다고 주장한다. 다른 민족, 문화권과 접촉할 경우 자신이 면역성을 지니지 못한 바이러스 감염 등으로 자기종족이 전멸할 수 있다는 사실을 역사적 경험을 통해 알고 그것이 잠재적 공포로 유전자에 남았다는 주장이다.

우리가 이민족이나 이교도를 접할 때 갖는 본능적 공포(*phobia*) 의 다른 측면은 폭력·공격성과 연결된다. 이슬람 포비아(Islamophobia: 이슬람 공포증 혹은 혐오증) 와 이슬람에 대한 배척·공격은 상호 연결된다. 우리는 이성적 사고와는 무관하게, 낯선 무슬림을 접하면 공포를 느낄 수 있다. 무슬림 모두가 테러리스트가 아니며 그들의 종교가 평화적이라는 사실은 이성적 사고로 알 수 있지만 그 이전에 마음속에 잠재한 본능이 위험한 사람일지도 모른다는 경계의 신호를 보내는 것이다.

우리가 글로벌 테러리즘의 뿌리를 제대로 이해하기 위해서는 간략하게라도 이슬람 종교 그리고 이슬람 제국과 유럽의 오랜 역사적 관계를 살펴볼 필요가 있다. 현대 테러리즘의 씨앗은 이미 수천 년 전에 뿌려졌기 때문이다.

이슬람과 무슬림

우선 우리가 종종 같은 의미로 사용하는 이슬람과 무슬림을 간단히 알아보자. 이슬람은 7세기 초 무함마드(Muhammad, 570~632)가 알라의 예언자로서 세운 종교이다. 우리나라에서는 무함마드교 혹은 회교(回敎)로 불리기도 한다.

그러나 이슬람교는 무함마드〔혹은 마호메트(Mahomet: 무함마드의 영어 이름)〕를 믿는 것은 아니다. 따라서 무함마드교 혹은 마호메트교라고 부르는 것은 잘못이다. 또한 이슬람교는 위구르족(回紇族)을 통하여 중국을 거쳐 우리나라에 전래됐으므로 회교(回敎)라 불리기도 하지만 위구르족의 종교가 아니므로 이 또한 잘못된 것이다.

이슬람이라는 말의 의미는 무엇일까? 원래 아랍어 이슬람의 언어적 의미는 '평화'이고 종교적 의미는 '복종하는 것'을 뜻한다. 따라서 이슬람교는 유일신 알라(Allah: 아랍어로 천지의 창조주, 최후의 심판자 하느님)에 절대복종하여 영적 평화를 이루는 것을 핵심교리로 한다. 무슬림이란 언어적으로는 '따르는 자'라는 의미이다. 즉, 무슬림이란 이슬람교를 믿는 사람이라는 뜻이다(이희수, 2011, 135쪽).

좀더 엄격하게 구분하자면 '이슬람교'는 종교적 의미로, '이슬람'은 종교뿐만 아니라 문화까지를 포괄한 의미로 사용된다. 이슬람교는 불교·기독교와 함께 세계 3대 종교의 하나이며 신자는 중동 아랍지역, 아시아·아프리카·유럽 등지에 널리 분포한다. 신자는 약 7억~9억 명 내외로 추정된다.

한편 쿠란은 이슬람교의 성전이며 알라의 계시를 모은 것이다. 이슬람 원리주의자들은 세속주의(世俗主義, *secularism*)를 부정하고 신정일치(神政一致, *theocracy*)를 주창한다. 유일신 알라의 뜻에 복종하는 것이 절대적이며 종교가 단지 정신적 영역뿐만 아니라 인간의 세속적 삶 전체를 규정해야만 이상적 사회가 이룩될 수 있다는 생각이다. 이들에게 이슬람교 수호 및 포교를 위한 이교도와의 전쟁은 지하드(성전)으로 받아들여진다.

기독교의 역사를 살펴보면 로만 가톨릭, 그리스 정교, 개신교 등 각 종파 간 수백 년에 걸쳐 참혹한 전쟁이 있었다. 이와 유사하게 이슬람교에도 크게 보면 수니파와 시아파로 나뉘고 현재까지도 종파 간 심각한 분쟁을 겪는다. 전 세계 이슬람교를 믿는 신자의 약 90%는 수니파, 10%가량이 시아파이다. 이 두 종파는 누구를 예언자 무함마드의 칼리프(영어로 *caliph*, 아랍어로 칼리파(*khalifah*). 무함마드의 뒤를 이어 이슬람 종교를 수호하며 이슬람 공동체를 이끄는 이슬람제국 최고통치자), 즉 무함마드의 정통 후계자로 임명할 것인가 하는 문제로 갈라진다.

시아파는 '칼리프는 선출하는 것이 아니라 유일신 알라로부터 선택받은 혈통인 무함마드의 사촌이자 사위인 알리(Ali ibn Abi Talib)에게 계승되는 것'이라는 입장이다. 한편 수니파는 '무함마드의 친구이자 무슬림 공동체의 지도자로 추앙받던 아부 바크르(Abu Bakr)를 첫 칼리프로 선출한 전통을 따라야 한다'는 입장이다. 겉으로 보기엔 비교적 단순해 보일지도 모르는 후계자 정통성 문제가 현재까지도 이슬람교를 믿는 사람들 사이에 큰 분란의 씨앗으로 남았다.

우리나라 조선왕조에서 누구를 다음 왕으로, 즉 후계자로 정할 것인가를 둘러싸고 수많은 암투와 골육상쟁(骨肉相爭)이 있었던 사실을 생각하면 조금 이해가 쉬울 것이다. 누구를 알라의 후계자로 인정할 것인가는 단지 종교적 정통성 수호 문제뿐만 아니라 현실세계에서의 정치권력의 분배, 즉 실제로 수많은 사람의 구체적인 삶에 지대한 영향을 미치는 핵심과 직접 연관된다.

이슬람·무슬림 이외에 '아랍' 및 '중동'이라는 개념도 간단히 정리해 보자. 일반적으로 아랍(Arab)이란 아랍어를 사용하는 아랍민족의 개념이다. 대체로 서남아시아·북아프리카 지역에 분포한다. '아랍'과 '이슬람'을 혼동해서 사용하는 경우가 많은데 엄밀하게 말하자면 다르다. '아랍'은 아랍어 및 아랍민족과 연결된 개념이며 '이슬람'은 종교에 관한 것이다. 인도네시아 등 아랍 민족이 아니지만 인구 대부분이 이슬람을 믿는 나라도 있다.

중동(中東, Middle East)이란 유럽중심의 사고에서 비롯된 용어다. 아시아를 유럽을 기준으로 볼 때 유럽에 가까운 곳을 근동(近東, Near East), 먼 곳을 극동(極東, Far East), 중간지역을 중동이라 부른 것이다. 따라서 중동이란 단지 유럽중심 사고에서 나온 개념이며 종교적 의미인 이슬람과는 명확히 다르다.

인류에 크게 기여한
이슬람 문명

이슬람교 그리고 이슬람 문명은 서구 사회 및 인류 전체에 커다란 영향을 끼쳤다.

어릴 때 《아라비안나이트》라는 이야기책을 읽어본 적 있을 것이다. 우리에겐 천일야화(千一夜話: 1,001일 밤 동안 연애, 범죄, 여행, 동화, 역사적 사건 등을 이야기해준다는 의미)로 더 잘 알려지기도 했다. 이는 아랍어로 쓴 이슬람 문학의 고전이며 아랍인뿐만 아니라 전 세계 사람들에게 널리 읽힌다. 이 책은 유럽문학을 넘어 세계 여러 나라 문학에 큰 영향을 끼쳤다(강상원, 2002).

문학뿐만 아니라 이슬람 문명은 철학, 의학, 수학, 지리학, 건축문화 및 음식문화에도 큰 영향을 미쳤다. 이슬람 문명은 고대 그리스문화의 영향을 크게 받았는데 고대 그리스문화 중에서도 미술, 조각, 건축 등의 분야에서 위대한 문화유산을 남긴 헬레니즘의 영향을 크게 받았다. 이슬람 문명은 이를 계승해 아랍지역의 토착문명과 결합하고 발전시켰다.

철학, 천문학, 건축학, 수사학 등 여러 분야에서 인류 문화의 기초를 형성한 고대 그리스 문명은 인간 중심이 아니라 신 중심의 세

84

계관이 지배한 중세 암흑기에 크게 위축된다. 근대 유럽 문명부흥의 토대가 된 르네상스(Renaissance)는 중세 암흑기에 고대 그리스 문화를 계승·발전시키고 이를 다시 유럽에 전해준 이슬람 문명에 큰 도움을 받았다.

서구와 이슬람의 관계

중동의 사막 메카에서 시작된 이슬람은 700년경부터 세계 종교로 발전했다. '한 손엔 칼, 한 손엔 쿠란'을 들고 아프리카를 정복한 이슬람 제국은 이후 약 8백여 년간 스페인 등 유럽 대부분 지역을 지배했다. 1453년에는 동로마제국의 수도이자 그리스 정교(동방정교)의 중심인 콘스탄티노플(현재 터키의 수도인 이스탄불)을 함락시켰고 여세를 몰아 그리스, 불가리아, 체코, 헝가리를 정복했다.

1683년에는 오스만 제국이 오스트리아 합스부르크의 심장인 빈까지 침공했다. 3차례에 걸친 이슬람의 빈 공격은 실패로 끝났지만 700년경부터 1683년 빈 침공 실패까지 약 천 년간 유럽은 이슬람을 이기지 못했고 침략과 지배를 받아야만 했다(이희수, 2015, 84쪽). 서구인의 잠재의식 속에 깊이 뿌리박힌 이슬람 포비아의 역사적 배경인 셈이다.

36년간 일본 제국주의의 지배를 받은 우리에게 여전히 일본에 대한 무의식적 거부감과 공포감이 남았다는 사실을 생각하면 1천 년 가까이 이슬람 제국의 침략과 지배를 받아온 서구인의 이슬람 포비아가 어느 정도일지 상상하기는 어렵지 않을 것이다.

뒤바뀐 관계: 지배, 피지배의 교환

서구세계와 이슬람세계 사이의 역학관계가 뒤바뀐 역사적 계기는 1798년 나폴레옹의 이집트 정벌이다. 이때부터 2백여 년간 모든 이슬람 세계가 서구의 지배를 받았다. 지배·피지배 관계가 완전히 뒤바뀐 것이다.

해양시대의 개막과 함께 세계를 호령했던 네덜란드, 스페인, 영국, 프랑스 등 세계사의 중심에 선 유럽의 제국주의 국가는 이슬람 제국이 지배했던 아프리카, 중동, 아시아 모든 지역을 정복하고 식민지로 삼았다. 이후 1천 년간의 이슬람 제국의 유럽지배에 대한 앙갚음 혹은 이슬람 포비아의 결과로서 혹독한 박해와 탄압을 통해 조직적 이슬람 와해전략이 펼쳐졌다. 이렇게 유럽과 이슬람 제국은 오랜 세월 지배와 피지배를 주고받으며 서로에 대한 공포심 혹은 적개심을 키웠다.

약 1천2백 년간 지배와 피지배를 주고받는 동안 두 세계에 모두에게 깊은 상처를 남긴 사건들이 있다. 하나는 십자군 전쟁이고 또 하나는 제1차 세계대전 이후 이스라엘의 건국이다.

십자군 전쟁은 이슬람이 그리스도교의 성지라 할 수 있는 예루살렘을 지배하자 로마 교황을 중심으로 유럽의 여러 나라가 참여해 성지 예루살렘을 되찾겠다고 일으킨 전쟁이다. 그러나 실제로 예루살렘에 도착해 전쟁을 벌인 것은 단 한 차례에 불과했다. 나머지 여덟 번은 십자군 전쟁이라는 명분으로 비잔틴 제국이나 주변 기독교국가를 침략하고 약탈한 전쟁이었다.

1099년 1차 십자군 전쟁으로 예루살렘을 빼앗은 당시 십자군은 예루살렘에 있던 모든 무슬림과 유대인을 학살했다. 이교도의 씨를 아예 말리겠다는 전략으로 인류 역사상 가장 참혹한 대학살이었다.

이스라엘 건국, 분쟁의 씨앗이 되다

현대 이슬람권과 서구 세계와의 관계를 이해하는 데 중요한 또 다른 사건은 제 1차 세계대전 이후 이스라엘의 건국과 관련된다. 독일과 전쟁을 치르던 영국은 전쟁에 승리하기 위해 상호 모순되는 3중 비밀조약을 맺었다.

영국은 독일과의 전쟁에 협조하는 조건으로 유대인에게는 팔레스타인지역에 유대 독립국가 창설을, 아랍인에게는 아랍국가의 독립을 약속해주고 프랑스와는 이 지역을 분할 점령하기로 조약을 맺은 것이다. 이 모순된 3중 비밀조약이 오늘날 팔레스타인 분쟁의 핵심배경이다. 강대국의 비도덕적 행위가 이후 수백 년에 걸친 분쟁의 시발점이 된 셈이다(이희수, 2011, 2015).

유대인은 기원전 구약성서 시대에 지금의 이스라엘지역에 살다가 아랍인이 그곳을 지배하면서 살던 땅을 강제로 떠나야만 했다. 유대왕국의 멸망과 디아스포라(*diaspora*: 유대인들의 대규모 강제이주)로 유대인은 온갖 박해를 받으며 전 세계에 흩어져 살아야만 했다. 이런 박해는 유럽지역에 살던 유대인에게 특히 가혹했다. 기독교가 중심인 유럽 여러 나라에서 유대인은 그리스도를 배신한 유다의 후손으로서 증오와 멸시의 대상이 됐다.

이러한 유대인에 대한 뿌리 깊은 증오는 제2차 세계대전 중 나치 독일의 유대인 박멸을 명분으로 한 홀로코스트(*holocaust*: 유대인 대학살. 폴란드 아우슈비츠수용소 등에서 약 6백만 명의 유대인이 학살당함)에서 극에 달했다. 인류 역사에 씻을 수 없는 큰 상처를 남긴 홀로코스트로 전 세계 유대인은 독립국 건설의 열망을 키웠으며 2차 세계대전이 끝난 후 국제질서를 재편하는 데 큰 영향력을 지녔던 미국의 동정과 지지를 받았다.

승전국 미국 중심의 유엔은 표결을 통해 팔레스타인 땅을 둘로 나누어 각각 아랍인과 유대인의 독립국을 건설하는 것을 승인했다. 유대인은 유엔의 결의를 받아들여 1948년 이스라엘 건국을 선포했다. 그러나 2천 년 넘게 팔레스타인 지역에서 살아온 아랍인은 졸지에 영토의 절반 이상을 유대인에게 넘겨줘야 하는 이 결의안을 받아들일 수 없었다. 이것이 팔레스타인과 이스라엘 사이에 피를 부르는 오랜 전쟁과 테러의 시발점이며, 아랍인이 이스라엘 건국을 지원했던 미국에 깊은 불신과 증오를 갖게 된 가장 중요한 이유이다.

오랜 박해를 견딘 유대인의 절박함은 이스라엘 건국을 계기로 전 세계 유대인을 하나로 결속시켰다. 미국의 지원을 받은 이스라엘과 팔레스타인 그리고 팔레스타인을 지지했던 이집트 등 아랍국가와의 전쟁은 주지하다시피 이스라엘의 일방적 승리로 끝났다. 그 결과 유엔 결의에 따른 팔레스타인 영토인 가자지구와 웨스트뱅크도 사실상 이스라엘군의 점령 아래에 있으며 피의 악순환은 끊이지 않는다.

지도를 보면 알 수 있듯이 이스라엘이 팔레스타인 영토를 반으로 갈라놓은 모양이다. 팔레스타인 영토는 웨스트뱅크와 가자지구로 갈라졌으며 국제사회에서 국가로 인정받지도 못한다. 이스라엘 건국 이후 하루아침에 나라를 잃은 신세로 전락한 것이다.

이스라엘의 실질적 지배 아래에 있는 가자지구와 웨스트뱅크에 거주하는 팔레스타인 사람들은 거주 및 직업 선택 등에서도 차별을 받는다. 팔레스타인 지역에 거주하는 아랍인이 나라를 잃고 오랜 세월 박해를 받아온 유대인과 다를 바 없이 고통받는 셈이다.

이스라엘과 팔레스타인 분쟁에서 압도적 군사력에 진압당하는 팔레스타인 사람들을 보면서 아랍권 전체가 어떤 감정을 느꼈을지는 쉽게 상상할 수 있다. 팔레스타인에 대한 국제적 동정여론도 크다. 그리고 이것이 ISIS와 같은 극단주의 테러단체에 가입하기

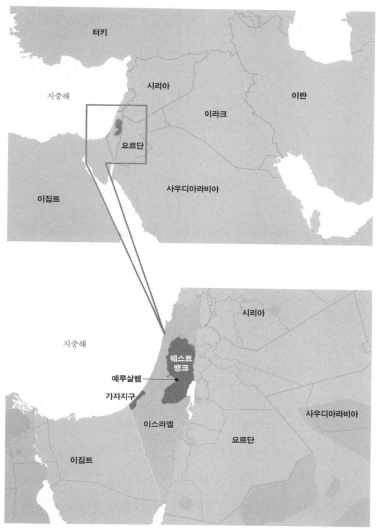

이스라엘과 팔레스타인 주변

위해 전 세계 무슬림 젊은이가 국경을 넘는 주된 이유 중 하나라고 할 수 있다.

현재 이스라엘 밖에 사는 유대인 8백만 명 중 절대다수인 6백만 명이 미국에 거주한다. 금융 분야를 중심으로 막강한 힘을 지닌 이들은 미국 정가에 강력한 영향력을 행사하고 미국의 일방적인 이스라엘 지지를 이끌어냈다.

2차 세계대전 이후 미국 중심의 서구 자본주의 발달과정에 중동지역 석유가 중요해졌고 이 석유를 둘러싼 이권을 지키기 위해 미국은 아랍권 민중의 지지를 받지 못하는 친미 독재국가들을 지원했다. 팔레스타인 문제, 중동 석유를 둘러싼 이권 문제 등을 계기로 아랍 민중 사이에 심각한 박탈감과 미국에 대한 원한이 생겼다.

수천 년 동안 유럽보다 앞선 이슬람 문명에 대한 자부심을 지닌 아랍 사람에게 뒤바뀐 지배·피지배 관계는 견딜 수 없는 치욕이다. 이슬람 근본주의자는 미국 중심의 세속적 자본주의 문명을 거부하고 이슬람 종교의 근본으로 돌아가는 것이 아랍의 자존을 지키고 서방의 압제에서 벗어날 수 있는 유일한 길이라고 주장한다.

이런 급진적 이슬람교 해석은 친미 독재정권 치하에서 자유도 누리지 못하고 경제적으로도 상대적 박탈감에 시달리던 아랍 민중에게 상당한 설득력이 있었다. 독재국가에서 흔히 보이는 부정과 부패 그리고 부의 불균등 분배, 실업, 더구나 여기에 시아파와 수니파 사이의 분쟁, 이스라엘-팔레스타인 분쟁, 미국과 서방에 대한 적개심, 석유를 둘러싼 이권 갈등 등으로 현재 중동지역은 테러와 전쟁이 끊이지 않는, 전 세계에서 가장 심각한 분쟁지역이 되고 말았다.

ISIS라는 괴물이 탄생하기까지

악의 씨앗이 뿌려지다

우리는 오늘날 과거 어느 시기에도 볼 수 없었던 끔찍한 테러를 목격한다. 바로 ISIS라는 괴물의 탄생과 그들이 벌이는 온갖 종류의 반인류적 테러이다. 그들은 산 사람의 목을 자르고 철창에 가둔 사람을 군중이 지켜보는 가운데 화형에 처하고 또한 이를 영상에 담아 선전선동에 이용한다. 공포심을 극대화하려는 의도일 것이다.

더욱 놀라운 사실은 서방의 수많은 젊은이가 이 반인류적 테러에 자발적으로 동조한다는 사실이다. ISIS라는 괴물은 어떻게 탄생한 것일까? 서방세계는 이러한 참혹한 장면을 보면서 복수를 다짐하지만 이런 괴물이 어떻게 탄생했느냐는 난처한 질문에 우리는

ISIS의 잔혹성을 상징적으로 보여주는 사진들

답을 해야 한다.

우리는 ISIS라는 괴물이 어느 날 갑자기 하늘에서 떨어지기라도 한 것처럼 놀라워하지만 사실 세상에 원인이 없는 결과는 없다. ISIS는 참수, 화형, 민간인 밀집지역의 자살 폭탄테러 등 온갖 상상조차 끔찍한 반인륜적 살인을 저지르고 그것을 태연하게 선전선동에 활용하는 테러조직이다. 그러나 ISIS 치하에 있는 모술지역 일부 주민은 독재자 후세인 제거 이후 이라크의 대혼란 시절보다, 두렵긴 하지만 현재가 더 살기 좋다고 주장한다. 우리는 이런 상황을 어떻게 이해해야 하는가?

우선 ISIS란 무엇인지부터 살펴보자. ISIS란 Islamic State in Iraq and Syria의 약자로 영토는 이라크와 시리아에 걸쳐있으며 스스로 이슬람 국가라고 칭하는 테러단체이다. 서방의 여러 나라는 이들을 이슬람 국가로 인정하지 않으며 버락 오바마(Barack Obama) 전 미국 대통령은 그들이 자칭하는 ISIS라는 명칭 대신 ISIL(Islamic State of Iraq and the Levant)이라 부른다. 이라크와 시리아를 지배하는 이슬람 국가라는 의미의 ISIS를 인정하지 않겠다는 것이다.

9 · 11 테러,
최초로 미국 본토가 공격당하다

ISIS라는 괴물의 탄생이 있기까지 우리는 먼저 오사마 빈 라덴과 알 카에다 그리고 전 세계를 충격과 공포로 몰아넣은 9 · 11 테러를 살펴볼 필요가 있다. 빈 라덴은 사우디아라비아에서 태어났다. 그의 아버지는 사우디 굴지의 건설회사를 키워 큰 부(富)를 축적했고 아들에게 막대한 유산을 물려주었다. 빈 라덴은 큰 어려움 없이 성장하면서 정통 이슬람 스승들의 지도를 받으며 자연스럽게 정치와 종교, 국제정세에 관심을 두기 시작한 듯하다.

소련의 아프가니스탄 침공은 그의 인생에 큰 전환점이 됐다. 급진 원리주의자로 이슬람 형제애를 강조하던 그는 지하드 조직을 결성하고 아프가니스탄으로 건너가 소련에 저항했다. 이때 소련을 견제하려는 미국은 빈 라덴에게 무기와 정보를 제공하면서 그를 지원했다. 이때까지만 해도 미국과는 우호적 관계였던 듯싶다.

빈 라덴과 미국의 우호적 관계가 틀어진 결정적 계기는 1990년 8월 2일 이라크가 사우디아라비아 인접국가인 쿠웨이트를 침공한 것과 관련이 있다. 이라크의 쿠웨이트 침공으로 사우디아라비아의 안전이 위협받자 사우디아라비아의 전통적 맹방이자 사우디아라

9 · 11 테러를 일으킨 오사마 빈 라덴

비아의 막대한 석유자원에 큰 이권을 지닌 미국이 개입했다. 이슬람 원리주의자였던 빈 라덴은 기독교 국가인 미국이 이슬람 성지인 메카의 나라 사우디아라비아에 군대를 주둔하고 방어를 책임진다는 사실에 크게 분노했다.

　이후 빈 라덴은 반미주의자로 돌아서고 자신의 막대한 재산을 기반으로 알카에다라는 국제적 테러조직을 결성하여 본격적으로 반미 테러에 나섰다. 미국으로서는 소련을 견제하기 위해 자신이 키워준 빈 라덴이 미국의 심장에 총을 겨누고 9 · 11 테러라는 전대미문의 충격적 사건을 일으키리라고는 상상조차 할 수 없었을 것이다.

　아프가니스탄 오지에 숨어 지내며 알카에다 테러조직을 이끌던

9 · 11 테러 당시 민간 여객기가 세계무역센터 빌딩으로 돌진하는 장면

빈 라덴은 자신의 막대한 재산과 알카에다라는 국제 테러조직의 힘
을 이용해 9 · 11 테러를 기획했다. 2001년 9월 11일 오전 9시경 뉴
욕 맨해튼 110층짜리 쌍둥이 빌딩인 국제무역센터에 수십 명의 민
간인과 승무원을 태운 여객기 2대가 돌진했다.

 테러리스트들은 납치한 민간 여객기를 국제무역센터로 돌진시켰
고 이 장면은 전 세계에 고스란히 생중계됐다. 마치 영화에서나 나
올 법한 비행기의 빌딩 돌진, 화염에 휩싸인 110층 쌍둥이 빌딩에서
뛰어내리는 사람들, 힘없이 무너져 내리는 거대한 빌딩을 지켜보면
서 전 세계는 충격과 공포에 휩싸였다. 이 밖에도 다른 여객기가 미

국 국방성 펜타곤 건물로 돌진했다.

9·11 테러로 미국 본토, 그것도 미국 경제의 상징인 맨해튼 국제무역센터 빌딩과 미국의 힘을 상징하는 국방성 건물이 적에게 공격당했다. 약 3천여 명의 무고한 민간인과 소방대원이 사망했고 미국은 경제적으로도 계산하기 어려운 큰 손실을 입었다.

이 사건 이후 글로벌 테러리즘의 지형은 근본적으로 변했다. 9·11 테러를 저지른 빈 라덴은 이후 미국 네이비 실(Navy SEALs: 케네디 대통령이 창설한 미국 해군의 특수부대)에 의해 살해되었지만 그가 미국 본토를 대상으로 벌인 테러는 미국의 중동정책에 큰 영향을 미쳤다. 9·11 테러 이후, 미국은 사담 후세인(Saddam Hussein, 1937~2006)이 빈 라덴의 알카에다를 배후에서 지원하고 대량살상무기를 제조한다는 명분으로 이라크를 침공했다.

미국과 영국은 압도적인 군사적 힘을 바탕으로 개전 40여 일 만에 이라크 전역을 점령하고 이라크를 수십 년 동안 철권통치한 후세인 대통령을 체포했다. 이른바 '이라크 해방작전'(Operation Iraqi Freedom)이다. 미군은 수니파 독재자 후세인 치하에서 고통받던 시아파 민중의 열렬한 환영을 받으며 이라크 수도에 입성했다.

그러나 전쟁 승리 이후 이라크 재건에 관한 제대로 된 계획은 없었고 전후 이라크는 극도의 혼란으로 빠져들었다. 그리고 이 혼란 속에서 ISIS가 기회를 잡았다. 미국이 ISIS 탄생에 직접적 책임이 있다는 주장은 바로 이런 사실을 지적한다.

　미군 점령하에서 독재자 후세인의 군대와 경찰 그리고 그의 수니파 추종자들은 권력에서 배제됐다. 사담 후세인 치하에서 자리를 차지했던 그들이 졸지에 실업자가 된 셈이다. 이들은 전후(戰後) 혼란 속에서 완전히 방치됐다. 그러나 그들에게는 총과 조직이 있었다.

　미국이 내세운 시아파 말리키 정권은 철저히 무능했고 부패했다. 전후 복구는 제대로 이루어지지 못했고 치안은 불안했으며 실업률은 치솟았다. 미군의 후세인 제거로 자유롭고 민주적이며 살 만한 나라가 건설될 것이라는 기대에 들떴던 이라크 민중은 크게 실망했고 이라크는 걷잡을 수 없는 혼란 속으로 빠져들었다.

　설상가상으로 미국이 전쟁의 명분으로 내세웠던 대량살상무기는 발견되지 않았다. 국제사회의 비판은 물론 미국 내부에서도 전쟁 회의론이 커졌다. 미국은 이라크에서 발을 빼려 했고 오바마 대통령의 신(新) 중동정책에 따라 이라크 주둔 미군은 감축됐다.

　이때 이라크와 시리아의 불안정한 국내정세를 기반으로 수니파 극단주의자는 ISIS를 결성했다. 이후 ISIS는 이제껏 인류가 보지 못했던 잔혹한 살상과 파괴로 전 세계를 충격과 공포로 몰아넣었다.

미국의 오판

미국은 빈 라덴을 끈질기게 추적했다. 결국 미군 특수부대는 2011년 5월 파키스탄에 은신했던 빈 라덴을 사살하고 그를 아라비아 해 북부해역에 수장했다. 9·11 테러로 빈 라덴과 알카에다의 명성은 크게 올랐지만 이후 미국을 중심으로 한 서방세계의 지속적 공격과 빈 라덴 사살로 알카에다의 이슬람 테러조직 내 위상은 현저히 저하됐다. 이 빈자리를 알바그다디라는 인물이 주도하는 ISIS가 차지했다.

알카에다는 개별 국가를 넘어선 국제 테러조직이다. 중동, 아프리카, 아시아 등 여러 나라의 자생적 테러조직이 9·11 테러 이후 알카에다에 충성을 맹세하는 등 테러 프랜차이즈라는 개념도 생겼다. 알카에다를 대신해 ISIS가 테러의 중심이 되자 이제는 여러 테러조직이 ISIS에 충성을 맹세했다. 테러조직이 이렇게 국제적으로 연결되는 이유는 테러 네트워크가 형성되면 더욱 다양하고 위협적인 테러를 실행할 수 있기 때문인 듯하다.

미국은 ISIS라는 괴물의 탄생에 책임을 피할 수 없다. 빈 라덴과의 악연, 9·11 테러, 미국의 이라크 침공 그리고 후세인 정권의 붕괴와 이라크 대혼란 상황을 미루어봤을 때 이러한 결과를 미국이 원했던 것은 아닐지라도 미국에도 일정 부분 책임이 있다는 사실을 부정할 수 없기 때문이다. ISIS의 지도자인 알바그다디가 미군 이라크 감옥에서 지도자로 성장했다는 점 또한 미국의 책임을 무겁게 한다.

독재자 후세인 타도
그리고 권력의 공백

ISIS라는 괴물의 탄생을 이해하기 위해서는 시간을 거슬러 2003년 미국을 중심으로 한 다국적군의 이라크 침공과 후세인 정권의 붕괴를 살펴보아야 한다. 2001년 9·11 테러 이후 미국은 테러와의 전쟁을 선포했지만 뚜렷한 성과를 거두지 못했고 미국경제 역시 침체를 벗어나지 못했다. 이런 상황에서 재선을 노리는 부시 정권은 이라크를 테러지원과 대량살상무기 제조라는 명분으로 침공하려 했다.

분명한 증거가 없었고 유엔의 승인도 받지 못했으나 미국은 9·11 피해국으로서 대량살상무기 제조 그리고 이런 대량살상 생화학무기가 테러리스트의 손에 넘어가는 것을 용인할 수 없다는 명분으로 영국, 호주 등의 지원을 얻어 이라크를 전격적으로 침공했다. 얼마 지나지 않아 후세인 정권을 붕괴시키고 이라크 전 지역을 점령하는 데 성공했다. 후세인의 오랜 독재와 부정부패 그리고 경제적 어려움에 지친 이라크 국민은 미군을 해방군으로 열렬히 환영했다. 이때까지만 해도 모든 일은 순조로워 보였다.

후세인은 1969년 쿠데타에 가담한 후 1979년 이라크 대통령에 취임했다. 그는 이라크 내 소수파인 수니파 출신으로 20년 넘게 이라

이라크의 독재자 사담 후세인

크를 철권 통치했다. 1990년 쿠웨이트 침공, 1991년 미국과의 걸프
전쟁을 치르면서 위기를 겪었으나 이라크 내 시아파와 정적에 대한
잔인한 탄압으로 독재정권을 유지했다.

9・11 테러 이후 2003년 미군은 이라크가 대량살상무기(WMD:
weapons of mass destruction)를 보유했다는 명분으로 전격적으로 이라
크를 침공했다. 전쟁은 미국의 일방적 승리로 끝났고 바그다드 교
외로 도피한 후세인은 미군에 체포됐다. 전범 재판에 회부된 그는
2006년 12월 30일 사형됐다. 후세인의 몰락 이후 이라크는 대혼돈

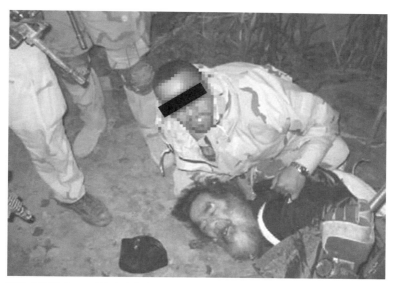
'붉은 새벽 작전'으로 잡힌 사담 후세인

에 빠졌고 ISIS가 탄생하는 계기가 됐다.

　이라크는 수니파 35%, 시아파 65% 내외로 구성된다. 이슬람교
는 창시자 무함마드 사후 누구를 정통 후계자로 인정할 것인가를 둘
러싸고 수니파와 시아파로 나뉘며 두 종파 간 심각한 분쟁을 겪는
다. 지구상 이슬람 국가 전체로 보면 수니파가 약 90% 정도로 다수
이지만 이라크와 시리아에서만은 반대로 시아파가 다수이다. 후세
인 정권은 수니파에 기반을 둔, 다시 말해 소수파인 수니파가 다수
파인 시아파를 탄압하는 독재정권이었다.

이러한 이라크 내부상황에서 미군의 이라크 침공은 수니파 독재자 후세인 통치 아래서 고통받던 시아파 국민의 열렬한 환영을 받았다. 그러나 진짜 문제는 미군이 이라크를 점령하고 후세인 정권을 붕괴시킨 이후부터 시작됐다. 한때 중동의 맹주로 군림하던 후세인은 체포됐고 전범 재판에 회부되어 사형됐다. 독재자 후세인 제거 이후 이라크가 민주화와 경제발전의 길로 들어설 것인가가 가장 중요한 과제였다. 이라크는 물론 미국에도 그리고 국제사회 전체에도 결정적으로 중요한 시기였다. 그러나 불행하게도 미국은 이 결정적 시기에 몇 가지 치명적 실수를 저질렀다.

미국이 전쟁의 명분으로 내세웠던 대량살상무기는 발견되지 않았고 국제사회에서 미국의 입지는 크게 약화됐다. 후세인 독재 치하에서 이라크 치안을 담당했던 수니파 군과 경찰은 미국의 점령과 동시에 해산됐으며 그중 상당수는 무직상태로 전락했다. 이들은 직업은 잃었지만 여전히 무기를 지닌 상태였다.

후세인을 대신해서 미국이 선택한 말리키 시아파 정부는 무능했고 또한 수니파를 포용하지 못했다. 미군의 이라크 침공과 후세인 정권의 붕괴 그리고 권력공백 상황에서 이라크 정정은 점차 더 큰 혼돈 속으로 빠져들었다. 실제로 이슬람 신정국가 창립을 주창하던 ISIS 극소수 테러리스트가 이라크의 모술 등 주요 지역으로 진격했을 때 다수의 이라크군은 저항 한번 제대로 하지 않은 채 무기를 버리고 도주하거나 투항했다.

　이 혼돈 속에서 후세인 독재 치하에서 상대적으로 안정된 직업을 지니고 기득권을 누려왔으나 이제 군대와 경찰에서 쫓겨나 실업자 신세로 전락한 수니파 군경조직 상당수가 무기를 들고 ISIS에 가담했다. 결국 미국은 이라크 침공으로 후세인이라는 독재자를 제거하는 데는 성공했지만 후세인 이후 이라크를 민주적으로 통치할 지배세력을 만들어내는 데는 실패했고 결과적으로는 혼란의 와중에 ISIS가 탄생한 것이다.

'아랍의 봄'과 대혼란

아랍의 봄 이후 미국의 오랜 골칫거리였던 북부 아프리카 리비아의 카다피 정권이 2011년 10월 무너졌다. 이후 카다피 독재를 대신해 리비아를 통합하고 통치할 정권이 등장하지 못하자 리비아는 큰 혼란과 내전에 휩싸였고 리비아 해안을 통한 아프리카 난민의 대탈주가 이어졌다. 이것이 미국과 유럽 등 서방 자유민주주의 진영의 딜레마 중 하나이다.

아프리카, 중동, 아시아, 남미 등 저개발 국가의 독재정권을 직간접적으로 지원해서 해당국가의 안정과 그 나라에 투자한 자국의 이익을 지키면 해당국가 민중 사이에 반미, 반서방 감정이 커지고 장기적으로는 해당국가의 혁명 등 급격한 불안정 상황이 발생할 가능성이 커진다.

혁명을 통해 민주적이고 통합적인 정권이 들어서면 다행이지만 오랜 독재 치하에서 민주역량이 성장하지 못한 탓에 내전 등 사회적으로 더 큰 혼돈에 빠지는 경우가 많다. 해당국가 내의 인종적, 종파적, 계층적 갈등을 강압적으로 억눌러온 독재정권이 붕괴하면 일시적으로 더 큰 혼란이 발생할 가능성이 크기 때문이다.

물론 '민주주의는 피를 먹고 자란다'는 말처럼 이 또한 지불해야만 할 비용일지도 모른다. 그러나 그 과정에 수많은 사람이 목숨을 잃거나 난민이 되어 주변국 및 국제정세에 큰 부담으로 작용하는 것이 사실이다. 리비아의 카다피 정권 붕괴 후 북아프리카의 대혼돈과 내전상황, 이라크 후세인 정권 붕괴 이후 ISIS라는 괴물의 등장과 전 세계 테러확산은 현실정치가 지닌 복잡한 측면을 숨김없이 보여준다.

테러는 왜 발생할까?

테러의 발생 이유

테러는 왜 발생할까? 사실 테러가 발생하는 이유를 하나로 일반화해서 설명하는 것은 불가능하다. 브루투스(Marcus Junius Brutus, 기원전 85~기원전 42)가 카이사르(Julius Caesar, 기원전 100~기원전 44)를 의사당에서 암살한 것이 테러의 한 형태라는 주장도 있다. 테러는 인류 역사와 함께했고 지금도 지구촌 어디선가는 테러가 발생한다. 이렇듯 오랜 역사와 다양한 이유로 테러가 발생하기에 원인을 일반화하기는 쉽지 않다.

현대 글로벌 테러리즘의 대부분은 이슬람 극단주의자와 미국 및 서방 사이의 갈등에서 비롯된다. 중동 및 아프리카, 인도네시아,

방글라데시 등 이슬람 인구가 상당수인 지역을 중심으로 알카에다, ISIS 등 이슬람 극단주의 테러조직에 의한 무차별적 자살 폭탄테러로 수많은 민간인이 아무런 이유도 없이 죽는다. 또한 이들의 이념에 동조하는 서방세계 내부의 자생적 테러리스트의 무차별적 민간인 살해 역시 현대 테러리즘의 큰 특징이다.

오늘날 전 세계에서 발생하는 테러를 보면 표면적으로는 이슬람 문명권과 유럽, 미국 등 기독교 문명권 사이의 종교적 갈등으로 인한 테러가 대부분이다. 그러나 이면을 들여다보면 이슬람 국가 내부의 부정부패한 독재정부와 이를 직간접적으로 지원해온 미국 등 서방세계에 대한 반감, 석유자원 개발과 유통과정을 오랜 세월 주도하고 독점한 미국 및 서방의 다국적기업에 대한 민족주의적 반발, 이슬람권 국가의 오랜 남녀차별과 근대교육의 부족, 제대로 된 일자리의 부재와 청년실업, 빈부격차 그리고 이슬람 국가 간 혹은 국가 내부의 시아파와 수니파 간의 뿌리 깊은 종파분쟁 등 원인이 얽히고설켜 단지 이슬람과 기독교 문명 사이의 갈등으로 설명하기에는 무리가 있다.

국가 간 영토를 둘러싼 분쟁도 테러의 원인 중 큰 부분을 차지한다. 그중 가장 대표적이며 오랜 세월 분쟁이 계속되는 곳은 단연 이스라엘과 팔레스타인이다. 이 지역은 역사적으로도 그렇고 현재도 가장 뜨거운 테러 발생지역이다.

이 분쟁은 지역 자체에 한정되지 않고 이를 둘러싼 서방 진영과 이슬람 진영 간의 분쟁으로 확대된다. 이 밖에도 영국, 러시아, 중국 등 여러 나라에서 소수민족 분리독립을 둘러싼 탄압과 이에 대응한 테러 역시 수많은 사람을 죽음으로 내몰았다.

상대적 박탈감 이론

프란치스코 교황(Pope Francis)은 이런 말씀을 하셨다. "차별은 모든 폭력의 근본원인이다." 다 같이 배고프고 힘든 것은 견딜 수 있어도 누군가 나보다 더 잘 먹고 잘사는 현실은 참을 수 없다. 인간은 누군가와 자신을 비교하며 그 과정에서 자신이 상대적으로 덜 누린다고 생각하면 불행해지고 불만이 생긴다.

여기서 한발 더 나아가 이러한 상대적 차별이 자신의 의지와는 무관하게 결정된다고 생각하면 그때부터는 억울하다는 감정, 불공평하다는 감정, 잘못됐다는 감정이 생긴다. 여기서 한발만 더 나아가면 어떤 수단으로든 이런 차별을 해결하려는 마음이 생긴다. 이때 선택 가능한 수단 중 하나가 폭력이다.

테드 거(Ted R. Gurr)의 상대적 박탈감 이론은 개인 혹은 집단이 지니는 기대치와 실제와의 차이에 대한 불만이 긴장을 유발하며 이 긴장을 해소하는 과정에서 폭력이 동원될 수 있다는 설명이다. 부모가 자녀에게 유산을 물려줄 때 장남과 차남을 차별하거나 아들과 딸을 차별하거나 마음에 드는 자녀와 그렇지 못한 자녀를 차별할 경우 상당수 가정에서 유산을 둘러싼 분쟁이 발생한다.

이러한 분쟁은 부모가 물려줄 유산이 많으면 많을수록 더 크게 발생한다. 물려받을 유산이 없다면 분쟁도 발생하지 않는다. 상대적 박탈감이 생길 여지 자체가 없기 때문이다. 상대적으로 차별받았다는 사실을 견딜 수 없기에 대부분 재벌가에서는 유산을 둘러싸고 골육상쟁이 일어난다.

유산분쟁의 대부분은 합법적 테두리 안에서, 즉 법적 분쟁을 통해 해결된다. 법적 분쟁은 폭력적으로 진행될 수 있는 갈등을 제도적으로 해결하는 것이다. 그러나 일부이긴 하지만 이런 유산분쟁이 자녀 사이의 폭력으로 비화하기도 한다. 차별받았다고 느끼는 자녀가 다른 형제, 심지어 부모까지 잔인하게 살해하는 반인륜적 뉴스를 종종 접한다. 이렇듯 상대적 박탈감은 인간에게 심한 억울함과 분노를 불러일으킬 수 있다.

문명화된 사회에서는 이러한 개인 간 혹은 집단 간 폭력을 엄격히 금하고 국가가 폭력을 독점하고 조정한다. 그러나 이러한 문명은 인간의 본성을 완벽하게 통제하지 못한다.

이러한 상대적 박탈감이 개인적 차원이 아니라 종교적, 민족적, 인종적 차원이라면 이는 조직적 폭력의 원인이 될 수 있다. 내가 어떤 나라에서 태어났는지, 부모가 어떤 종교를 믿는지, 내가 흑인으로 혹은 백인으로 태어났는지 등 개인이 자신의 의지로 선택하는 것이 아니라 태어나면서부터 정해지는 요인에 의해 인생 전체가 좌우된다면 이를 운명으로 받아들이기는 분명 억울할 것이다. 이슬람을 믿는 중동에서, 제대로 가진 것 없는 가난한 부모 밑에서 태어나, 제대로 된 교육도 받지 못했고, 마땅한 일자리도 없어 삶의 의미를 찾을 합당한 길이 없다면 그 청년이 느낄 상대적 박탈감은 이루 말할 수 없이 클 것이다.

이런 상황에서 박탈감이 미국, 이스라엘 혹은 기독교 국가의 오랜 세월에 걸친 침략과 약탈로 인한 것이라고 여긴다면 그 청년은 어떤 선택을 할 것인가?

프란치스코 교황은 인간의 이런 속성을 지적했다. 그래서 상대적으로 잘사는 유럽 그리고 미국 등 선진국이 절대적 빈곤에 허덕이는 아프리카 등 제3세계 국가를 지원해야 하며 이들 나라의 난민을 보살펴야 한다고 말씀했다. 그렇지 않으면 전 세계는 폭력의 악순환에서 벗어날 수 없다고 경고했다.

중세 암흑기에 이슬람 문명은 세계를 이끌었다. 그러나 산업혁명과 1, 2차 세계대전을 거치면서 전세는 완전히 역전되어 영국, 프랑스, 미국 등 자본주의 선진국에 의해 거의 모든 나라가 식민지로 전락했다. 2차 세계대전 이후 형식적으로는 모든 나라가 독립국의 지위를 얻었지만 신생 독립국 대부분, 특히 아프리카, 중동, 아시아, 남미의 여러 나라는 민주주의도, 산업화도 제대로 이루지 못했다. 부정부패가 만연하고 무능하고 반민주적인 정부는 상황을 더욱 악화시킬 뿐이었다. 실업과 빈곤은 악순환됐고 빈부격차는 확대됐다.

이런 상황은 이들 나라 국민의 상대적 박탈감을 키웠으며 테러의 좋은 토양이 됐다. 이러한 문제를 근본적으로 해결하지 못한다면 글로벌 테러리즘을 뿌리 뽑을 수 없다는 것은 자명하다. 중동, 아프리카, 남미, 아시아 여러 나라가 정치·경제적으로 안정과 성장을 이루지 못한다면 테러리스트는 대중의 상대적 박탈감과 불만을 자양분으로 악의 씨앗을 키울 것이다.

파농의 폭력 이론

2016년 7월 14일 프랑스 혁명 기념일 밤, 프랑스의 대표적 휴양지 니스(Nice) 해변 축제 현장에 모인 군중을 향해 대형 트럭이 돌진해 85명이 사망하고 2백여 명이 부상당했다. 2015년 11월 13일, 파리 바타클랑 극장에서 테러가 발생해 130명 이상이 사망했다. 이 밖에도 병원, 시장, 공원 등 지구촌 곳곳에서는 하루가 멀다 하고 테러가 발생해 아무런 죄 없는 수많은 사람이 소중한 생명을 빼앗겼다.

테러리스트는 자신들이 저지르는 반인륜적 테러에 나름의 정당성을 주장한다. 단지 누군가의 강요나 경제적 보상 등의 이유만으로 자신의 목숨까지 포기하면서 수많은 무고한 민간인을 향해 테러를 저지를 수는 없을 것이다. 인간에게는 자신의 행위를 정당화할 명분과 논리가 필요하다. 그렇다면 민간인, 특히 그중에서도 어린이, 여성, 노약자 등 아무런 죄도 없고 힘도 없는 사람을 대상으로 한 폭력테러를 정당화하는 논리는 과연 무엇인가? 폭력을 정당화하는 논리야말로 현대 글로벌 테러리즘의 토대가 된다.

사회주의 혁명의 이론적 기반을 제공한 칼 마르크스(Karl Marx, 1818~1883)는 모든 권력은 총구로부터 나온다고 설파했다. 소련 사회주의 혁명의 아버지인 블라디미르 레닌(Vladimir Lenin, 1870~

1924), 중국 공산 혁명의 주역 마오쩌둥(毛澤東, 1893~1976) 등도 모두 폭력을 혁명의 가장 기본적 수단으로 채택했다. 이들은 무력혁명 성공 이후의 사회 개조과정에서도 폭력 혹은 테러(공포심)를 핵심 수단으로 활용했으며 심지어 그러한 폭력과 프롤레타리아 독재만이 혁명 완수의 유일한 수단이라고 강조하기도 했다.

마르크스 정치경제학의 뒤를 이어 자본주의 사회의 모순을 설파하고 이를 해결하기 위해 폭력을 옹호한 프랑크푸르트학파의 대표적 학자 헤르베르트 마르쿠제(Herbert Marcuse, 1898~1979) 등도 현대 테러리즘의 이론적 기반을 제공했다. 그러나 제3세계 여러 나라에서 발생한 민족해방투쟁 과정에서 폭력을 정당화하는 데 가장 크게 이바지한 사람은 바로 프란츠 파농(Frantz Fanon, 1925~1961)이다.

아프리카 알제리 민족해방투쟁에 직접 참여하기도 했던 의사 및 투쟁가 파농은 프랑스의 알제리 식민지배를 비판하고 아프리카 해방투쟁에서 폭력의 중요성과 가치를 분석했다. 알제리는 2차 세계 대전 이후에도 프랑스 식민지에서 벗어나지 못했으며 오랜 투쟁을 거쳐 1962년에 비로소 독립을 쟁취한 나라이다.

파농은 프랑스를 비롯한 유럽 국가가 아프리카를 직간접적으로 식민 지배하는 상황과 그 속에서 고통받는 아프리카 민중의 비참한 현실을 목도했다. 이에 식민 지배를 군사력과 경찰력 등 직접적인 물리적 폭력에 의한 서구 열강의 아프리카 원주민 지배로 보았으며 이 과정에서 식민 통치를 받는 아프리카 민중은 열등감과 무기력감에 빠진다고 지적했다.

그는 이런 식민 통치를 벗어나는 과정의 핵심은 폭력이며 민족해방투쟁 과정에서의 폭력을 통해 아프리카 민중은 열등감을 극복하고 자존감을 회복할 수 있다고 주장했다. 파농에 의하면 폭력은 인간 본성 중 하나이며 오랜 세월 억압받으며 열등감과 패배의식이 몸에 밴 식민지 민중은 스스로 폭력을 행사하면서 유럽 식민지 지배국가의 경찰, 군대에 대한 두려움과 열등감을 극복한다.

폭력을 통해 문제를 해결할 수 있다는 사고, 더 나아가 폭력만이 문제를 해결할 수 있는 유일한 방법이라는 논리, 타인에 대한 폭력을 통해 스스로 자존감을 회복하고 어떤 정치적 목적을 달성할 수 있다는 주장은 여러 가지 측면에서 비판의 소지가 있다. 그러나 오랜 세월 제국주의 치하에서 압도적 물리력에 의한 무자비한 폭력을 경험한 식민지 민중으로서는 식민지 해방투쟁 과정에서 자신들이 선택한 폭력은 정당하며 반드시 필요하다는 파농의 이론이 무척이나 매력적이었다.

파농은 유럽의 여러 나라가 아프리카와 아시아를 식민지화하면서 노예노동과 다를 바 없는 폭압적 착취와 무자비한 탄압을 했으며 이를 통해 막대한 이익을 얻었고 유럽 국가는 식민지 민중에게 큰 빛을 졌다고 주장했다. 또한 오랜 식민 지배로 낮은 자존감과 열등의식에 빠진 식민지 민중은 폭력을 통해서 자신감을 회복하고 식민 지배 국가로부터 진정한 독립과 정당한 보상을 요구할 수 있다고 주장했다.

이러한 파농의 폭력이론은 제3세계 지식인은 물론 선진국 좌파 학생 및 진보적 성향의 사람들에게도 큰 영향을 미쳤으며 제3세계 민족해방 투쟁 및 국제 테러리스트 집단의 폭력사용에 지대한 영향을 미쳤다.

그러나 폭력으로, 더구나 무고한 민간인에 대한 반인륜적 폭력으로는 민족해방도, 자존감 회복도 이룰 수 없다. 현실적으로 답답하게 느껴지지만 인류의 미래는 궁극적으로 평화적 방법을 통해 발전할 것이라는 낙관적 믿음이 없다면 우리는 언제나 폭력의 유혹에 넘어갈 수 있다.

자국 이해중심의
국제정치 구조

현대세계는 자결권을 갖는 국가 간의 관계로 형성되며 국가 간 이해갈등은 외교적 협상을 통해 해결되거나 국제법에 따라 해결되어야 한다. 적어도 이론적으로는 그러하다. 하지만 현실세계에서는 국가 간 이해갈등이 냉엄한 역학관계에 따라 결정되는 경우가 많다.

여기서 냉엄한 역학관계라는 것은 국가 간 전쟁을 포함한 무력의 사용 혹은 무력사용의 위협, 압도적 경제력의 차이 등을 포함한 개념이다. 제2차 세계대전 이후 여러 나라 사이의 대규모 전쟁은 끝났지만 국지적으로 국가, 인종, 종파 간 분쟁은 끊이지 않는다.

각국은 국제법이 허용하는 합법적 테두리 안에서 자국의 이익을 최우선으로 확보하기 위해 노력하지만 때로는 비합법 혹은 탈법적 수단의 사용도 서슴지 않는다. 또한 적의 적은 나의 편이라는 논리로 자신과 경쟁관계에 있는 나라와 대립하는 국가 혹은 세력에게 무기와 정보를 제공하기도 한다.

소련과 아프가니스탄 사이의 전쟁에서 미국은 소련에 대항하는 아프가니스탄 반군을 지원했다. 급진 원리주의자로 이슬람 형제애를 강조하던 빈 라덴도 당시 지하드 조직을 결성하고 아프가니스탄으로 건너가 소련에 저항했고, 이때 소련을 견제하려는 미국은 빈 라덴에게 무기와 정보를 제공하면서 그를 지원했다. 이슬람 원리주의 무장단체였지만 소련과 대립하던 미국과 일시적으로 동지가 될 수 있었던 것이다.

하지만 후일 빈 라덴은 알카에다를 조직해 9·11 테러로 미국과의 성전을 선포한다. 이처럼 테러조직은 강대국 간 대립과 자국 중심 국제정치의 틈바구니에서 태어나고 활동할 공간을 확보한다.

이러한 냉엄한 국제정치 현실은 글로벌 테러리즘의 구조적 요인으로 작용한다. 힘 있는 나라와 힘없는 나라 사이의 비대칭적 물리력과 이해득실에 따른 국제정치의 이합집산은 테러조직의 생존에 매우 유리한 환경이 됐다.

제 2차 세계대전 이후 지구상 거의 모든 나라는 법적으로 독립국의 지위를 누린다. 하지만 각 나라의 경제력, 군사력에는 커다란 차이가 존재한다. 군사력은 자국의 방위가 최우선이지만 잠재적으로는 자국의 이익을 보호하며 심지어는 정의롭지 못하게 타국을 압박하여 자국의 이익을 강제하는 데 사용되기도 한다. 그리고 이러한 비대칭적 정규전력으로 말미암아 국가 간에 분쟁이 발생할 경우 정규전 이외에 게릴라전, 테러전 등의 개념이 등장한다. 또한 이에 대한 각국의 입장이 다르기 때문에 테러를 국제사회에서 근절하지 못한다.

제 2 부

미디어, 새로운 테러 전략

ISIS의 전략 '세상에 없던 테러'

SNS 통해 ISIS에 가담하는
전 세계 청소년들

우리는 언제 어디서든 ISIS라는 악마를 만날 수 있다. 그것도 너무나도 손쉽게 만날 수 있다. 컴퓨터를 켜고 ISIS의 선전선동 영상을 찾는 데는 단 몇 초도 걸리지 않는다. 겨우 클릭 몇 번만 하면 그들을 만날 수 있다. 물론 단순한 호기심에서 한 번쯤 ISIS의 선전선동 영상을 보더라도 너무나도 역겹고 참혹한 영상이라 곧바로 닫기 버튼을 누를 것이다. 하지만 일부 사람에게는 역설적으로 이러한 야만적 영상이 어필하는 듯하다.

전통적 테러는 항공기 납치, 요인 암살, 주요시설 폭파 등이었다. 그러나 대테러 역량의 강화로 이러한 전통적 방법의 테러가 어려워지자 소프트 타깃 자살 폭탄테러가 증가하기 시작했다. 그렇다고는 해도 산 사람의 목을 자르거나 화형에 처하는 등의 반인륜적 테러는 거의 없었다. 더구나 이런 잔혹한 장면을 촬영하고 자극적으로 편집해서 선전선동 영상으로 활용한 테러조직은 이제껏 없었다. 이런 반인륜적 살인장면은 궁극적으로 테러조직에 대한 대중의 반감을 키울 것이라는 판단 때문이었을 것이다.

그러나 ISIS는 달랐다. 오히려 이러한 야만적이고 반인륜적인 테러와 그 영상을 자신의 대표상품으로 팔기 시작했다. 그리고 놀랍게도 그것이 먹혀들어가는 듯하다. 이러한 전략은 정보통신 혁명으로 전 세계가 하나로 연결되고 영상의 제작과 전송이 매우 편리해진 미디어 환경과도 관계가 있다.

지상파 텔레비전 방송과 신문 등 이른바 매스미디어에 의해 정보가 독점되던 시대에는 ISIS가 아무리 극악한 선전선동 영상을 제작한다 해도 대중에게 전달될 수 없었다. 주류 미디어의 게이트 키핑 (*gate keeping*) 과정을 거치면서 여과되기 때문이다. 그러나 이제는 미디어 환경이 완전히 달라졌다. 누구나 손쉽게 동영상 혹은 멀티미디어 콘텐츠를 제작할 수 있고 또 그것을 전 세계 어디든, 누구에게든 전달할 수 있는 플랫폼이 있다.

페이스북, 트위터, 유튜브 등 수많은 플랫폼을 통해 테러리스트는 자신의 선전선동 영상을 전 세계 젊은이에게 전달할 수 있다. 언론의 자유, 표현의 자유를 절대적 가치로 삼는 자유진영의 특성상 대테러 당국이 이를 막을 마땅한 방법도 부족하다.

ISIS의 선전선동 영상은 매우 정교하게 만들어진다. 선전선동 영상제작 전문가도 존재한다. 그리고 이들 중 상당수는 할리우드식 영상문법도 잘 이해하는 것 같다. 선과 악의 대립, 극적 장면, 다양한 특수효과, 강렬한 배경음악, 빠른 템포의 편집 등을 자유자재로 활용한다. 이들이 제작한 선전선동 영상은 매우 빠른 템포에 극적 특수효과와 음향 그리고 자극적 문구가 결합하여 보는 사람을 흥분시킨다. 마치 잘 만들어진 한 편의 영화 예고편처럼 느껴질 정도다.

포르노그래피처럼 테러리스트의 선전선동 영상도 점차 선정성과 야만성이 커진다. 그래야만 사람들의 시선을 끌기 때문이다. 대부분 사람에게는 역겹겠지만 일부 사람에게는 오히려 이러한 야만성, 폭력성이 어필하기도 한다. 그리고 그들 중 상당수는 사회에 제대로 통합되지 못했을 가능성이 크다.

모든 폭력과 사회불안의 근본원인 중 하나는 바로 차별과 인간의 불완전성이다. 인간은 이성적인 것 같지만 그 안에는 야수적 속성이 감춰져 있다. 사회질서를 지키고 때로는 대의(大義)를 위해 자신을 희생하기도 하지만 순간적 감정에 휩싸여 살인을 저지르기도 하는 것이 인간이다.

영국의 10대 소녀 2명이 ISIS에 가담하기 위해 터키행 비행기에 오르기 전 모습　　　출처: BBC

　물질적으로는 풍요롭지만 정신적으로는 빈곤하고, 상대적으로 소외되거나 박탈감을 느끼고, 소속감이 부족한 서방세계 이민자 가정의 자녀, 특히 실업자, 인종·종교적 소수자 청소년이 이런 선전선동에 취약할 가능성이 크다. 이들은 ISIS의 손쉬운 먹잇감이 된다. 이러한 청소년에게 SNS를 통해 ISIS의 선전선동 영상이 반복적으로 전달되면 어느 순간 자신도 모르게 세뇌될 수 있다. 그리고 그것이 또래 동료집단에 의해 강화되면 행동으로 옮긴다.

　평범한 영국 가정의 10대 소녀들이 ISIS에 가입하기 위해 터키로

도망친 사건은 이런 세뇌와 또래집단의 충동행동을 상징적으로 보여준다. 아직 소녀티도 다 벗지 못한 이들은 부모 몰래 ISIS 전사의 아내가 되기 위해 가출했다. 무엇이 이들의 가슴을 뛰게 하고 머리를 마비시켰는지 우리는 당혹스럽기만 하다.

미국의 국가테러방지대책센터, 영국의 킹스칼리지 국제급진주의연구센터(ICSR) 등의 조사결과, 전 세계 90여 나라에서 약 2만 명가량이 ISIS 등 테러단체에 가입하기 위해 시리아로 들어갔으며 이 중 3천 4백~3천 6백 명가량이 서방 출신일 것으로 추산됐다. 여러 기관의 보고서를 종합해 보면 2015년 기준으로 프랑스 1천 2백 명, 영국, 독일 각각 5백~6백 명, 미국 150명이 ISIS에 가담한 듯하다. ISIS 가담자 80%가 30세 미만이며 40%는 21세 이하로 집계됐다. 우리나라에서도 17세 김 군이 시리아 국경을 넘어 ISIS에 가담했고 이 밖에도 2명이 더 가담을 시도했다.

죽음의 땅으로:
구체적 사례들

ISIS의 선전선동에 포섭돼 사랑하는 가정을 떠나 죽음의 땅으로 건너
간 수많은 가슴 아픈 사례가 이어진다. 그중 일부를 정리해 보면 우리
가 상상할 수 없는 일들이 주변에서 벌어진다는 사실에 놀랄 것이다.

　많은 청소년이 어떻게 죽음의 땅으로 넘어갔는지 또 실상은 어
떤지, 우려되는 상황은 무엇이 있는지를 여러 기사로 볼 수 있도록
실었다. 말미에는 여러 단체가 ISIS와 관련해 연구한 내용을 표로
정리했다.

페친 타고 '지하드'로 건너간 유럽 10대들

<서울신문>, 2014년 7월 30일

셀마는 감자튀김을 좋아하고 온종일 아이폰 5를 손에서 놓지 않는 평범
한 18세 소녀였다. 아버지는 10남매 중 막내인 그를 '달링'이라고 부르
며 아꼈다. 파리 외곽에 살던 셀마는 3년 전 학교에 갔다가 갑자기 사라
졌다. 가족은 나중에야 그가 내전 중인 시리아로 가기 위해 비행기를 탔
다는 사실을 알았다.

　유럽의 젊은이들이 지하드에 빠지는 이유로는 시리아 대통령 바샤르

알아사드(Bashar al-Assad)의 대량학살에 대한 분노부터 새로운 종교에 대한 이상주의까지 다양하다. 특히, 지하드 조직의 리더들은 소셜 미디어나 유튜브를 통해 '순교'와 '충성심'으로 포장된 감성적 메시지로 10~20대를 끌어모은다. 퀼러(Daniel Cuiller) 국제 지하드조직 전문가는 "실업·가족불화 등에 지친 젊은이를 선동하는 것"이라면서 "젊은 층이 쉽게 접할 수 있는 온라인으로 세력을 확대한다"고 분석했다. 셸마도 페이스북을 통해 무슬림과 접촉했다. 가족들은 "친구를 찾으려다가 테러리스트를 만났다"고 흐느꼈다.

공명심도 이용한다. 지하드 조직은 '웅장한 삶을 살 수 있다'고 선전한다. 전문가들은 "열정적으로 빠질 수 있는 무언가를 찾는 이들이 사명감에 도취해 지하디스트(*jihadist*: 이슬람 성전주의자)가 된다"고 설명했다.

연애도 수단이다. 2013년 말 이슬람으로 개종한 헬렌은 이집트로 가려다 가족들에게 붙잡혔다. 그의 휴대전화에서 "가족을 버리고 이집트로 오라"는 지하디스트 애인의 메시지가 발견됐다. 헬렌의 어머니는 "16세인 내 딸은 사춘기였고 사랑에 빠졌고 세뇌당했다"고 말했다.

ISIS 합류 터키인 1천 명…"돈으로 가난한 청년 유인"

〈연합뉴스〉, 2014년 9월 16일

NATO(북대서양조약기구) 회원국이자 시리아와 국경을 맞댄 터키의 젊은이들이 이슬람 수니파 극단주의 무장세력 '이슬람국가'(ISIS)의 최대 '인력풀'로 떠올랐다.

15일(현지시각) 〈뉴욕 타임스〉 보도에 따르면 터키 언론과 정부 관계자들은 ISIS에 합류한 자국민이 1천 명에 이르는 것으로 파악한다.

친구 10명과 함께 시리아로 들어가 ISIS에 합류했던 칸은 락까에서 15일 동안 군사훈련을 받고 전투원이 됐다. 그는 사람을 생매장하는가 하면 2명을 총살하고 공개처형에도 참여했다며 "그곳에서 싸울 땐 마치 최면상태인 것 같다"고 말했다. 칸은 "전투에 참여하면 하루에 150달러를 받고 모든 것은 공짜"라며 터키 저소득계층 젊은이들이 ISIS 가담하는 이유로 재정문제를 꼽았다.

"가입 안 하면 참수" 15살 ISIS 대원의 충격 증언

〈나우뉴스〉, 2014년 10월 23일

"가입하지 않으면 목을 자르겠다고 했다", "약품을 강제로 먹여 정신을 혼미하게 한 뒤, 자살 폭탄테러 공격을 하도록 했다", "한 여성은 웨딩드레스에서 목과 팔이 노출됐다는 이유로 살해됐다".

〈CBS 뉴스〉는 이슬람 극단주의 수니파 무장세력 '이슬람국가'(ISIS)에 강제로 징집해 활동했던 15살 전(前) 지하디스트의 충격적 증언이 담긴 인터뷰를 최근 공개했다. 이 청년은 2014년 초, 시리아 북부에서 쿠르드 민병대에게 생포된 15살 카림이다. 그는 본인이 이슬람국가 단원으로 활동하며 겪었던 믿기 힘든 참상을 증언했다.

카림의 증언에 따르면 아직 15세에 불과했던 그는 향정신성의약품인 졸람(zolam)류를 강제로 복용한 뒤 전투에 나가야만 했다. 해당약품은 정신을 무장 해제시켜 무조건 누군가의 지시에 따르도록 만드는데 ISIS 는 이를 이용해 자살 폭탄테러를 지시하기도 했다.

주류사회 배척 이민가정 출신 귀국 후 '살인머신' 돌변 우려

〈신동아〉, 2014년 11월

2014년 9월 ISIS에 의한 외국인 인질 참수사건이 발생했다. 미국인 기자 제임스 폴리(James Foley)가 복면한 ISIS 대원에 의해 잔인하게 참수돼 세계를 경악시켰다. 그런데 더 놀라운 것은 폴리 기자를 참수한 대원이 영국 국적의 청년이란 점이었다. 일명 지하디 존(Jihadi John)으로 알려진 그는 이집트계 영국인 모하메드 엠와지(Mohammed Emwazi)로 확인됐다. 인질 참수라는 악역을 영국인이 담당한 사실이 알려진 뒤 영국 정부와 국민은 충격에 빠졌다.

영국 런던에 살던 모하메드(가명)는 유명 의대에 다니던 의대생이었다. 그는 이집트 이민 3세로 집안에서도 공부 잘하기로 소문난 수재였다. 의대에 입학할 당시만 해도 일용직 잡부로 일하는 부친에게는 최고의 자랑이었다.

그러나 그는 "의대 다니는 동안 나는 항상 남들 뒤에 있는 기분이었다. 안과를 전공해 유명한 안과의가 되고 싶었다. 하지만 나는 영국 사람이면서 영국 사람이 될 수 없다는 것을 느꼈고 좌절하며 방황했다"고 말했다. 그는 지금 시리아 락까에서 ISIS 대원을 위한 의사로 활동한다. 최근 그는 트위터에 "사회에서 아무의 주목도 받지 못하던 나는 이곳에서

ISIS는 영국인 인질 헤인스를 참수하는 영상을 공개했다.
오른쪽 테러리스트는 일명 지하디 존으로 알려진 영국인이다.

는 존경받는 의사로 불린다"고 적기도 했다.

영국 국제급진주의연구센터의 시라즈 마허 연구원은 "주류사회에서 배척당한 젊은이들이 외부에서 자신의 정체성을 찾으면서 급진주의에 빠져든다"고 말했다. 시리아의 한 인권단체 활동가는 "ISIS에 가담한 젊은이들은 대부분 시리아 독재정부를 전복해야 한다는 순수한 정의감으로 충만하다. 동시에 전쟁을 컴퓨터 게임이나 서바이벌 게임 정도로 생각한다"고 말했다.

시리아로 향하는 젊은이 중에는 10대 소녀도 많다. 전문가에 따르면 유럽과 북미, 호주 출신의 ISIS 지원자 가운데 여성 비율은 10%에 달하며 14~15세 미성년 여학생이 다수를 차지하는 것으로 나타났다. 독일에서는 13세 여학생이 포함된 소녀 4명이 인터넷으로 만난 ISIS 대원과 결혼하겠다고 가출한 사례도 있다.

최근엔 '지하드 신부'라는 신조어도 생겨났다. 영국 맨체스터에 사는 16세 쌍둥이 자매가 한밤중에 여권과 가방을 들고 공항으로 달려갔다. 그녀들이 향한 곳은 터키 이스탄불 공항. 자매는 며칠 후 시리아에 도착했다. 미국 콜로라도에 살던 19세 소녀 새넌도 출국하려다 경찰에 붙잡혔다. 이 소녀도 ISIS 대원과 결혼하려고 시리아로 향하려 했다. 지하드 신부를 꿈꾼 것이다.

지하드 신부 바람은 이데올로기와 분쟁보다는 단순한 10대 소녀의 로맨티시즘이 만들어낸 것이다. 이슬람 전사에 대한 소녀의 황당한 환상이 시리아로 향하게 한다. ISIS는 SNS를 통해 이들을 유인할 때 '순교자의 아내'는 멋있고 의미 있으며 전사와의 사랑은 로맨틱하고 자존감을 높인다고 말한다.

ISIS 가담 서방 10대, 좌절 상태서 중간책 유혹에 넘어가

〈한국일보〉, 2015년 4월 8일

지난 3월 21일 〈뉴욕 타임스〉는 미 중서부 미네소타주 미니애폴리스 출신 두 젊은이 아비드 누아르와 압둘라 유서프의 이야기를 보도했다. 신문은 누아르의 트위터 계정에 올라온 글들을 통해 농구를 즐기던 평범한

ISIS에 가담한 미국 청년 누아르가
시리아에서 온라인에 올린 자신의 사진

미국 젊은이가 어떻게 시리아의 전쟁터로 향했는지에 대한 단면을 엿볼
수 있다고 했다.

　그와 함께 고등학교를 졸업한 친구들은 그가 농구를 좋아하고 변호사
를 꿈꿨던 평범한 청년이었다고 증언한다. 하지만 그가 지역 내 이슬람
모스크를 방문한 이후 점점 더 전통적인 이슬람 복장을 하면서 변하기
시작했다. 〈뉴욕 타임스〉는 누아르의 경우를 보면 젊은이가 이념적 열
정에 휩쓸리기 얼마나 쉬운가를 잘 보여준다고 지적했다.

ISIS 김 군은 지금… 우리 아이는 ISIS 유혹에서 안전할까?

〈여성조선〉, 2015년 2월 26일

김 군은 여행을 다녀오겠다고 했다. 다 컸다고 하기엔 조금 불안한 17살. 일찍이 학교를 그만두고 검정고시를 준비하던 차인데 "터키에 보내주면 다녀와서 더 열심히 하겠다"고 했다. 그런데 현지시각으로 1월 10일, 킬리스(시리아 국경지대) 호텔 부근에서 김 군은 사라졌다. 부모가 김 군 보호를 위해 함께 터키로 보낸 홍 씨는 "인근의 사원과 버스터미널까지 샅샅이 뒤졌지만 찾을 수 없었다"고 했다.

경찰이 김 군이 실종 전까지 사용한 컴퓨터와 SNS, 이메일, 통화내역 등에 관한 광범위한 조사를 벌인 결과, 평소 ISIS에 지대한 관심을 뒀음을 발견했다. 바탕화면에 ISIS 관련사진이 저장돼 있었으며 인터넷 검색기록에는 무려 5백여 차례에 걸쳐 ISIS와 시리아, 터키 등의 연관내용을 찾아본 사실도 확인됐다.

수많은 청소년이 테러단체에 환상을 가진다. 이는 대부분 현실도피에서 비롯된다. 김 군 역시 그중 하나다. 그는 SNS를 통해 "나라와 가족을 떠나 새로운 삶을 살고 싶다"는 글을 적기도 했다. 전문가들은 이에 생활부적응 등을 도피의 배경으로 분석했다. 실제로 김 군은 일찍이 학교를 자퇴하고 홈스쿨링을 하며 은둔생활을 했다고 전해진다. 평소 부모와도 쪽지로 의사소통했다고 알려졌다.

김 군이 처한 이러한 환경은 그를 점점 더 온라인 공간으로 내몰았다. 그곳에서는 '은둔형'이 아니었다. 수만 킬로미터 떨어진 지역의 사람들과 자유자재로 대화했고 그 사람들과 새로운 삶을 꿈꿀 수도 있었기 때문이다. 그게 화근이 됐다.

ISIS는 특히 SNS를 통해 전 세계 청소년을 적극적으로 포섭한다. 실제로 김 군이 자신의 트위터에 'ISIS에 가입하고 싶다. 어떻게 합류할 수 있나' 라는 글을 올리자 하루 만에 반응이 왔다. ISIS 모집책으로 추정되는 '아프리키'라는 이용자로부터였다. 김 군이 떠난 건 아프리키와 처음 접촉을 하고 3개월 후였다. 마음만 먹으면 쉽게 ISIS 대원과 접촉할 수 있다는 얘기다. 만일 트위터를 통해 ISIS 활동을 지지하고 찬양하는 내용을 지속해서 리트윗하거나 ISIS 가입방법을 궁금해 하면 ISIS 관계자가 관심을 보인다. ISIS에 가입을 원하는지, 왜 관심을 가지는지 등 기본적 질문을 한 후 좀더 자세한 내용은 메신저로 하자고 한다.

실제로 ISIS 한 관계자의 트위터에는 전 세계 청소년의 참여를 선전하는 포스터도 올라와 있다. 이들은 버젓이 가입 시 '공약'을 내걸며 가입을 유도한다. ISIS가 선전하는 'ISIS 대원이 누리는 10가지 혜택'은 집세 안 내고 주택 무상공급, 전기세나 수도세 없음, 매달 식료품 무상공급, 부부·자녀에게 매달 용돈지급, 건강검진과 약값 무료, 아랍어 몰라도 생활가능, 기도시간에는 일 안 함, 세금 안 뗌 등이 있다. 일견 '혹'할 수 있는 조건들이다.

〈표 2〉 ISIS 관련 통계

조사 연도	조사 단체·주체	조사 명	조사 내용 및 결과
2014	런던 킹스칼리지 국제급진주의 연구센터(ICSR)	국제급진주의세력 조사	• 2천여 명의 유럽인이 시리아행 선택 • 프랑스 정부는 7백 명의 젊은이가 자국을 떠났다고 추산 • 영국 5백 명, 독일 3백 명, 네덜란드 1백 명
	영국 〈가디언〉		• 이라크와 시리아에서 활동하는 외국 출신 IS 대원의 수 1만 2천 명으로 추정 • 이 중 서방국가 외국인이 약 3천 명, 4분의 1이 영국인
	영국 〈파이낸셜타임즈〉		• 지하디스트 활동에 참여한 국민은 약 1천 명으로 그 규모가 서방 국가에서 가장 크다고 보도 • 프랑스 공식집계에 의하면, 직접 전투에 나서는 프랑스인은 360명이며 이 중 36명이 사망, 약 2백 명가량 귀국, 50명 수감
	미국 행정부		• 세계적으로 최소 80개국 출신의 외국인 1만 5천 명이 시리아 내전에 가담하는 것으로 추정 • 대다수는 튀니지(3천 명), 사우디아라비아(2천5백 명), 모로코(1천5백 명), 리비아(556명), 이집트(358명) • 유럽: 러시아(8백 명), 영국(4백 명), 미국(130명), 호주(250명) • 아시아: 파키스탄(330명), 중국(1백 명), 인도네시아(60명)
	런던 경찰청		• 영국인, 매주 5명꼴로 IS 가담 • 영국 국적자 5백 명 이상이 분쟁지로 떠남
	독일 정보당국		• IS에 가담하기 위해 이라크와 시리아로 떠난 이들이 450명이 넘으며, 이 중 150명은 귀국한 것으로 추산

〈표 2〉 계속

조사 연도	조사 단체·주체	조사 명	조사 내용 및 결과
2015	미국 국가테러방지 대책센터	시리아와 이라크 등지의 IS와 다른 무장 테러단체의 대원모집 관련 보고서	• 전 세계 90개국에서 약 2만 명이 IS 또는 다른 테러단체 가입을 위해 시리아로 입국, 이 중 3천4백 명이 서방 출신 • 미국에서 IS에 가입하려는 사람은 지난번 통계보다 1천 명가량 증가 (이 가운데 시리아로 이미 들어갔거나 입국을 시도한 미국인은 150명에 달해 전년도 1백 명 증가)
	미국 수사당국		• IS 가담 용의자의 80%가 30세 미만, 40%는 21세 이하로 집계
	타지키스탄 당국		• 지금까지 약 3백 명의 자국민이 IS에 가담한 것으로 추산
	영국 〈텔레그래프〉		• IS에 가담한 유럽 출신 젊은이 3천 명, 전체적으로는 1백여 개국에서 2만 명 정도 합류 추산
	런던 킹스칼리지 국제급진주의 연구센터(ICSR)	국가별 급진이슬람 무장단체 가담자 수	• 서유럽국가에서 IS 등에 가담한 외국인 지하디스트 최대 3천6백 명 추정 • 프랑스 1천2백 명(최다), 독일 5백~6백 명, 영국 5백~6백 명, 벨기에 4백 명(인구 대비 가장 많은 외국인 지하디스트 배출), 그 밖에 네덜란드 2백~250명, 스웨덴 150~180명, 덴마크 1백~150명, 오스트리아 1백~150명, 스페인 50~1백 명
	미국 '극단주의 프로그램' 연구진	미국 내 IS: 리트윗에서 라카까지	• IS 홍보대사로 파악된 미국 내 3천4백 명이 트위터 활동, 수사기관 등을 통해 미국 내 IS 실태 파악 • 미국에서 IS 홍보대사 활동 최소 3백 명 이상, 이 중 3분의 1이 10대 여성 • 체포된 용의자의 연령대는 15세~27세, 평균연령은 26세 • 용의자 대다수 미국 시민·영주권자, 미국 내에서 IS에 동조 • 체포된 용의자의 14%는 여성, 40%는 이슬람 이슬람 개종자로 파악

ISIS 선전선동 영상,
그들이 노리는 것은 무엇인가

ISIS가 전 세계 청소년을 유혹하기 위해 만든 선전선동 영상을 분석하면 이들이 얼마나 정교하게 영상을 제작하여 그 안에 메시지를 집어넣는지 알 수 있다. 이들이 만든 선전선동 영상은 마치 잘 만들어진 영화의 예고편 같다. 이들이 만든 선전선동 영상의 주요 장면이 기호학적으로 어떤 의미를 담는지, 어떻게 자신들의 행위를 성전으로 미화하는지 살펴보도록 하자.

주황색 죄수복과 처형 의식

ISIS는 인질을 잔인하게 참수하기 전에 영상을 찍어 선전선동 영상에 사용한다. 인질에게는 미국 감옥 죄수의 복장과 비슷한 주황색 죄수복을 입히고 살해하기 전에는 자신의 잘못을 빌게 한다. 살인자는 서방에 끔찍한 저주와 경고를 한다.

주황색 죄수복을 입히고 참수 직전에 촬영한 선전선동 영상

살인병기로 키워지는 어린이들

놀랍게도 이들의 선전영상에는 어린이가 자주 등장한다. 인격이 아직 형성되지 않은 어린이들을 피도 눈물도 없이 살인을 저지를 수 있는 살인병기로 양성하는 모습은 이를 지켜보는 사람들에게 깊은 슬픔과 두려움을 불러일으킨다.

　영상에 등장하는 어린이들은 체육훈련을 받는 것이 아니다. 이들은 사람을 죽이는 훈련을 받고 있다. 훈련을 거치고 복면을 쓴 어린이들은 이미 테러리스트 대원이다.

인질 처형 현장에 등장하는 앳된 소년. 그의 손에는 실제 총이 쥐어져 있다.

살인병기로 양성되는 어린이들

영화의 주인공처럼

테러리스트는 영상에서 영화의 주인공처럼 멋지게 포장된다. 빠른 템포로 영상을 편집하여 역동성, 힘을 보여준다.

영화 속 한 장면처럼 촬영된 테러리스트의 모습

석양이 노을 지는 사막에서 테러리스트가 기관총을 발사하는 장면

여과되지 않은 잔인한 장면

테러리스트는 화형을 앞두고 철창에 가둔 인질을 군중집회에 등장시킨다. 이를 통해 극도의 공포심과 흥분을 고조시킨다.

ISIS는 이런 반인륜적 장면을 통해 단지 자신들의 무자비함만을 과시하려는 것이 아니다. 이 장면은 서방세계를 완벽히 박멸하겠다는 의지와 자신들 행위의 종교적 정당성 등을 상징한다.

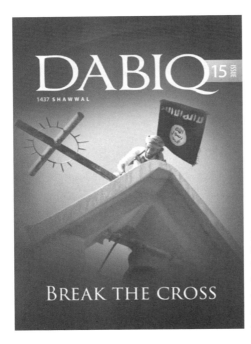

ISIS가 발행하는 잡지 〈다비크〉. 이 잡지는 인터넷에서 쉽게 구해 읽을 수 있다. ISIS는 아랍어, 영어 등 여러 언어로 잡지를 발행해 선전선동에 이용한다. 또한 테러리스트 인터뷰, 각종 테러 사진 등을 실어 충성심을 유도한다.

흥분을 고조시키는 반인륜적 장면들

할리우드 영화와 같은 영상편집

ISIS 깃발을 든 테러리스트가 등장한 화면이 전환되면서 전사들의 훈련모습, 어린이들 천진난만한 모습 등이 영화필름처럼 펼쳐진다. ISIS 내부에는 영상전문가가 상당수 존재한다. 이들은 마치 할리우드 영화처럼 다양한 편집기법으로 흥미진진하게 ISIS의 활동을 기록하고 선전선동에 활용한다.

다양한 편집 기법

형제애와 소속감 강조

이들의 홍보영상에는 테러리스트 사이의 우정을 강조하는 장면이 자주 등장한다. 지하드에 참여하는 전사 사이의 목숨을 나눌 수 있는 형제애, 진한 소속감 등을 보여주려는 것이다.

이러한 전사 사이의 연대감은 자살 폭탄조끼를 두른 테러리스트가 죽음을 두려워하지 않으며 동료를 위해 그리고 자신이 믿는 신과 지하드를 위해 기쁘게 죽을 수 있다는 이미지로 연결된다.

동료와 함께 웃는 테러리스트의 모습

우정을 강조하는 장면들

전사 사이의 연대감을 보여주는 장면들

연출된 행복한 모습

전쟁과 파괴, 그로 인한 불안이 일상인 실제를 놀이공원의 행복한 모습으로 포장한다. 화면도 무척 밝게 처리되어 행복하고 따뜻한 느낌을 강화한다.

실제를 알 수는 없지만 테러리스트가 그네를 밀어주는 장면은 딸과 자상한 아버지를 연상시킨다. 이곳에서 자신은 가정을 꾸리고 행복하게 살고 있으며 이곳이 진정한 낙원이라는 메시지를 전달한다. 당신도 이곳에 와서 지하드에 동참하여 결혼도 하고 자녀도 갖고 동료와 진한 우정도 나누며 진정한 행복을 누리라는 것이다.

아버지의 목말을 타고 웃음 짓는 아이

테러리스트 대원이 활짝 웃으며 어린 소녀의 그네를 밀어주는 장면

테러리스트가 통치하는 지역의 놀이공원

테러리스트가 주민에게 물건을 나누어 주는 장면

서방 출신의 테러리스트 인터뷰 화면

    이런 영상을 통해 ISIS가 지배하는 지역의 주민은 자신들의 통치 아래서 걱정과 근심 없이 행복하게 지낸다는 사실을 암시한다.

    어떤 영상에서는 서방 출신의 테러리스트 대원이 등장해 자신은 이곳에서 꿈같은 생활을 하고 있으며 당신도 직접 이곳으로 와보라고 유혹한다.

    나는 이곳 시리아에서 이슬람 형제들과 함께 있습니다. 나는 원래 캐나다에서 왔는데 아직도 꿈을 꾸는 것만 같아요. 아직도 꿈꾸는 것만 같습니다. 꿈속 세계에 온 것 같아요. 제 말을 제대로 이해하려면 여기에 직접 와봐야 합니다.

유혹, 선전선동 영상제작의 이유

ISIS는 정교한 이미지 조작을 통해 잔혹하고 야만적인 살인을 이슬람 지하디스트의 숭고한 행위(Jihadism)로 미화시킨다. 대부분 사람은 어떻게 이런 선전선동 영상이 젊은이에게 호소하는지 이해하지 못한다. 그러나 전문가들은 수많은 사람이 너무나 손쉽게 죽는 할리우드 영화를 보며 자랐고, 인터넷 총기 게임에 익숙한 일부 젊은이에게 ISIS의 잔혹하고 야만적인 선전선동 영상은 상당히 호소할 수 있다고 말한다.

청소년이 즐기는 일부 인터넷 총기 게임은 너무나도 사실적이고 생생하다. 마치 화면 밖으로 피가 튀는 듯한 실감 나는 영상을 제공한다. 상업주의에 물든 일부 게임 제작사는 더욱더 실감 나고 잔인한 게임을 개발하는 데도 주저하지 않는다. 인터넷 게임시장은 규모도 엄청나고 계속 성장 중이며 게임중독에 빠지는 청소년 또한 늘어나는 추세이다.

논픽션(nonfiction)으로 실제상황을 보여주는 영상은 글보다, 말보다 더욱 강력한 호소력이 있다. 대부분 사람은 이런 잔인한 영상을 보고 끔찍함을 느낀다. 그러나 테러리스트는 보통의 평범한 사람이 아니라 영상을 보고 흥분하고 동조할 가능성이 있는 소외된 젊은이를 포섭대상으로 노린다.

ISIS에 가입하기 위해 부모를 속이고 터키 국경을 넘어 시리아로 넘어간 한국의 김 군 역시 고등학교를 중퇴하고 집안에 틀어박혀 컴퓨터를 통해 ISIS의 선전선동 영상을 탐닉했다고 한다. 현실세계에서는 소외되고 무력한 자신이 그곳에 가면 용맹한 전사가 되어 다른 사람에게 인정받고 돈도 벌 수 있다는 헛된 믿음을 방에서 키웠을 수 있다. 부모는 일이 터질 때까지 자녀가 과격 테러리스트에게 포섭됐다는 사실을 전혀 알 수 없다. 부모라 하더라도 사이버 세상에서 자녀가 어떤 영상을 접하고 어떤 생각에 빠져드는지 다 알 수는 없기 때문이다.

ISIS가 야만적이고 잔인한 선전선동 영상을 제작해 전 세계 청소년을 테러리스트로 모집하는 데는 또 다른 이유가 있다. 이들은 보통 테러리스트가 아니라 바로 선전선동 영상에 등장하는 '무자비한' 테러리스트를 원한다. 산 사람의 목을 자르거나 자살 폭탄조끼를 두르고 아이들이 뛰노는 놀이공원에서 폭탄을 터트릴 수 있는 살인병기를 원하는 셈이다. 그들은 새로운 세대의 테러리스트, 즉 피도 눈물도 없는 살인병기를 키우고 싶어 한다.

ISIS가 만든 선전선동 영상은 전 세계 청소년만을 대상으로 하지 않는다. 자신이 지배하는 지역의 소년·소녀에게도 이런 잔혹한 영상을 보여주고 태연하게 살인할 수 있도록 훈련시킨다. 실제로 어린 소년에게 총을 쥐여주고 인질처형을 연출하기도 한다.

전 세계 청소년들이 ISIS에 가담하기 위해 사랑하는 가족의 심장에 비수를 꽂고 국경을 넘는 현상을 이해하기 위해 우리는 집단소속감(*gang identity*)을 살펴볼 필요가 있다. 집단소속감은 ISIS의 선전선동에 유혹을 느낀 청소년이 실제로 행동에 이르는 과정에 매우 중요한 역할을 한다. ISIS는 이런 심리를 잘 이해하며 이를 이용해 아이들을 조종한다.

ISIS는 참수, 화형 등 극단적 폭력을 우정, 동지애 등으로 치환시킨다. 그리고 그런 집단소속감을 통해 진한 소속감과 안정감을 느낄 수 있고 커다란 보상을 받을 수 있다고 선전한다. 선전선동 영상 속에서 ISIS는 속삭인다.

"너희는 지금 어디에도 소속되지 못하고 있다. 너희가 진정 있어야 할 곳은 바로 여기이다. 이곳이야말로 진짜 낙원이다."

이런 강렬한 유혹은 혼돈에 빠진 중동의 수많은 젊은이, 특히 열심히 노력해도 제대로 취직할 수도, 결혼할 수도 없는 청년에게 강력한 힘을 발휘한다.

이런 메시지는 영국, 프랑스, 미국 등 선진국의 일부 젊은이에게까지 어필한다. 물질적으로는 풍요하지만 정신적으로는 빈곤하며 상대적 박탈감을 느끼는 서방의 일부 젊은이들, 특히 무슬림 가정의 자녀에게 ISIS의 선전선동은 상당한 호소력이 있을 수 있다.

테러리스트의 선전선동에
빠지기 쉬운 뉴미디어 세대

ISIS는 서방세계 자유 언론의 ISIS에 관한 다양한 보도를 자신의 선전선동 영상에 활용한다. 미국 공화당의 강경 보수파는 오바마 미국 대통령의 이라크, 아프가니스탄 철수전략과 미군의 직접개입 축소가 현재 중동의 혼란과 ISIS 발호의 원인이라고 비판했다. 오바마 정부의 전략은 나약하며 전면적 전쟁 없이는 ISIS에 패배할 것이라는 주장이었다.

이러한 강경 보수파의 비판은 보수언론에 의해 강조된다. 대표적 보수매체인 FOX 채널 뉴스는 ISIS의 극악한 테러를 실감 나게 전하면서 미국은 패배했고 이 전쟁에서 이길 수 없다고 오바마 정부를 비판한다.

ISIS는 이런 언론보도를 다시 자신의 홍보영상에 활용한다. 서방세계 자유 언론의 보도를 무척 정교하게 편집해 자신의 선전선동 영상에 활용하는 것이다. 그리고 이런 전략은 꽤 효과적이다.

이들이 포섭하려는 서방의 젊은이 그리고 중동의 무슬림청년 상당수는 전통미디어보다 뉴미디어에 더욱 익숙한 세대이다. 미디어 전체를 균형 있게, 비판적으로 보며 생활하지 않는다. 이들은 트위터와 페이스북을 하면서 컸고 유튜브를 보며 자랐다. 참수, 화형 등 야만적이고 잔혹한 영상, ISIS 테러리스트의 영웅적 활약상, 동지애 그리고 서방세계 전통미디어의 보도를 자신들의 입맛에 맞게 편집해서 만든 ISIS의 선전선동 영상은 일부 청소년에게 무척 자연스럽고 신뢰감 있게 받아들여질 수 있다.

1970년대 말부터 1990년대에 이르기까지 중동지역은 가히 혁명적 변화를 겪었다. 2차 세계대전 이후 미국을 등에 업고 막대한 석유자원을 독점하면서 오랫동안 이란을 독재 통치했던 팔레비 왕조(Pahlavi Dynasty)가 붕괴했고 1979년 2월 이슬람 원리주의자 아야톨라 호메이니(Ayatollah Khomeini, 1902~1989)에 의한 이란혁명이 성공하면서 미국은 이란으로부터 황망하게 철수해야만 했다. 영토, 인구, 석유자원, 군사력 등 여러 면에서 중동의 강호인 이란에 이슬람 형제애를 강조하는 시아파 이슬람 공화정권이 탄생한 것이다.

서구식 발전모델을 채택했으나 무능하고 부패했으며 장기간 이란을 독재 통치해온 친미 팔레비 왕조 붕괴 이후 중동에는 이슬람혁명의 기운이 싹트기 시작했다. 이후 이란과 미국 사이에는 오랫동안 긴장상태가 이어졌으며 중동지역의 패권을 둘러싸고 이란, 이라크, 사우디아라비아 등 중동의 강호들 사이에 분쟁이 줄을 이었다.

1979년 말 시작된 아프가니스탄 전쟁(Soviet-Afghan War)은 9년 이상 지속됐다. 소련의 지원을 받은 괴뢰정권은 쿠데타로 정권을 장악하고 사회주의식 근대화를 추진하면서 종교를 탄압했다. 그러자 '무자헤딘'(Mujahideen)이라는 반군 지하드세력은 소련과 대립하던 미국, 그리고 주변 이슬람국가들의 지원을 받으며 저항했다. 9·11 테러의 주범 빈 라덴도 이 전쟁에 참여하면서 자신의 존재를 국제사회에 알리기 시작했다. 근 10년 동안 지속된 이 전쟁으로 백만 명 가까운 민간인이 살해됐고 수백만 명이 인접국가로 피란길에 올라야만 했다.

소련이라는 강대국을 상대로 한 이슬람 무자헤딘 지하디스트의 전쟁은 결국 소련의 패배로 끝났다. 베트남 전쟁에서 강대국 미국이 사회주의 월맹군에 패퇴한 것과 무척 유사하다. 막강한 현대식 무기와 압도적 무력에도 현지 민중의 절대적 지원을 받은 게릴라식 무장투쟁에 발목을 잡혀 결국은 강대국의 패배로 전쟁이 끝났다는 점은 시사하는 바가 무척이나 크다.

이란혁명과 아프가니스탄전쟁 등으로 중동지역에서는 이슬람 민족주의 운동이 크게 성장했다. 2차 세계대전 이후 이스라엘의 건국과 뒤이은 이스라엘-아랍권 전쟁에서 무기력하게 패배한 아랍진영은 이슬람 원리주의라는 종교적 힘을 바탕으로 기존의 미국과 서방 중심의 국제질서를 거부하려는 움직임을 구체화하기 시작했다.

이렇듯 이슬람 원리주의 운동에서 1980~1990년대에는 여러 중요한 일이 발생했다. 빈 라덴과 함께 9·11 테러를 실행한 국제 테러조직 알카에다도 이 시기에 생겨나 이슬람 급진 원리주의자의 테러가 본격적으로 시작됐고 외국인 전사들이 아프가니스탄 전쟁에 자발적으로 유입되기 시작했다.

그리고 지금, 훨씬 더 많은 외국인 전사가 이라크와 시리아로 몰려든다. 정확한 통계는 없지만 서방 정보당국은 ISIS로 넘어간 청소년이 약 2만 명에 이를 것으로 추산한다. 무엇이 영국, 프랑스, 미국 등 선진국 젊은이를 ISIS로 끌어들일까? 무엇이 서방의 젊은이가 편하고 안전한 집을 떠나 열사의 땅, 죽음의 땅, 전쟁의 땅인 이라크와 시리아 접경으로 향하게 할까? 그들이 꿈꾸는 이상은 무엇일까? 그것은 실제일까, 아니면 판타지에 불과할까?

이런 현상을 제대로 이해하기 위해 우리는 다시 한 번 시간을 되돌려 2001년 9·11 테러 당시를 되돌아볼 필요가 있다. 맨해튼 국제무역센터 빌딩에 민간 여객기가 돌진, 110층 쌍둥이빌딩이 힘없이 무너지고 수많은 무고한 시민이 죽어가는 모습이 TV로 생중계됐다. TV로 생중계되는 이런 끔찍한 상황을 지켜보면서 전 세계 모든 사람은 이런 상상조차 할 수 없는 테러를 자행한 집단에 분노와 미국에 대한 동정을 느끼는 듯했다.

그러나 놀랍게도 '모두' 그런 감정을 느낀 것은 아니었다. 일부 사람은 그런 감정을 느끼기에 무엇인가 부족한 것이 있었는지도 모른다.

미국 대통령 도널드 트럼프(Donald Trump)는 선거유세 과정에서

무슬림 거주지역의 일부 사람이 TV로 중계되는 9·11 테러를 지켜
보면서 환호하고 춤을 추었다고 주장했다. 물론 인종차별주의자, 무
슬림 혐오주의자, 백인 우월주의자, 극우 보수주의 선전선동가 등으
로 비판받는 트럼프의 이러한 주장에 정확한 근거가 있지는 않다.

그러나 전 세계 무슬림 중 일부는 실제로 9·11 테러를 전혀 다른
감각으로 받아들였다. 그들은 이스라엘군에 의해 무자비하게 진압
되는 팔레스타인 사람들을 보며 분노하고 미국과 소련 등 강대국과
의 전쟁에서 죽어간 수많은 중동 무슬림에 연민을 느꼈을 수 있다.
미국 내 그리고 전 세계 무슬림 중 일부는 9·11 테러로 죽어간 수많
은 무고한 사람에 대해서 가슴 아픈 일이긴 하지만 어쩔 수 없는 일
이었다고 느낄 수도 있다는 사실을 부정할 수 없다.

서방세계에 대한 반감과 핍박받는 무슬림에 대한 연민으로 이슬
람 급진 원리주의자의 선전선동에 빠져 테러조직에 가담했다가
ISIS의 실상을 목격하고 어렵게 죽음의 땅을 빠져나온 젊은이들의
증언에 의하면 ISIS는 진정한 이슬람교도가 아니며 단지 잔혹한 살
인집단, 신정(神政) 독재집단에 불과하다고 한다.

ISIS의 지배 아래 있는 지역의 일부 보도에 따르면 사람들은 잔인
한 신정독재(theocratic dictatorship) 아래에서 살아가기를 원치 않는
다고 한다. 반미, 반서방의 대안으로 ISIS를 선택한 사람들 또한 처
음에 가졌던 환상에서 점차 깨어나고 있다고 한다. ISIS의 주장은

겉으로 보기엔 매혹적일 수 있다. 하지만 그들이 잔혹한 방식으로 통치하기 시작하면 환상은 깨질 것이다.

탈레반, 알카에다 등 다른 테러조직과 달리 ISIS는 디지털 커뮤니케이션 도구, 특히 SNS를 통한 선전선동의 위력을 충분히 이해한다. ISIS의 지도자는 무엇보다도 전 세계의 잠재적 추종자에게 자신들의 메시지를 전하는 것이 중요하다는 사실을 인식하며 이를 통해 테러요원을 모집하고 힘을 확장한다.

ISIS는 자신의 끔찍한 선전선동 영상에 대부분 사람이 역겨운 반응을 보이겠지만 그와 동시에 인터넷상에서 입소문이 날 것이라는 점도 잘 안다. 전 세계 10억이 훨씬 넘는 무슬림 인구 중 일부는 서방세계에 대한 복수와 과거 이슬람세계의 영광을 갈구한다. 세계 각지에 흩어진 무슬림 남성, 특히 서방세계에서 자랐지만 어디에도 소속감을 느끼지 못하고 제대로 된 직업도 없이 소외된 젊은이가 인터넷을 통해 ISIS의 선전선동 영상에 무차별적으로 노출된다면 그리고 세뇌된다면 ISIS는 이제껏 우리 인류가 상상할 수 없었던 테러로 전 세계를 공포로 몰아넣을지도 모른다.

미디어가 없으면 테러도 없다?

미디어의 속성

미디어란 무엇인가? 우리는 살아가기 위해 세상과 끊임없이 소통해야 한다. 주변사람과 생각이나 정보를 주고받지 못한다면 행복한 삶은 물론 생존조차도 쉽지 않을 것이다. 소통을 통해 정보도 얻고 정서적 안정도 얻어야 하기 때문이다.

소통을 위해서는 소통을 매개할 무엇, 즉 미디어(*media*)가 필요하다. 사람 사이의 소통에는 음성, 문자, 몸·표정, 영상 등 다양한 미디어가 이용된다. 그런데 사람 사이의 소통을 매개하는 이런 미디어는 우리의 생각을 있는 그대로 반영해서 전달할 수 있을까? 음성, 문자, 몸·표정, 영상 등 어느 것도 우리의 생각 자체를 있는 그대로 전달할 수는 없다. 미디어로 매개되는 바로 그 순간 왜곡이 생길 수 있다. 미디어 자체가 완전하지 못하고 그것을 사용하는 개개인도 완전하지 못하기 때문이다.

생각이 미디어로 옮겨지는 과정에서도 그리고 그것이 상대방에게 받아들여지는 과정에서도 왜곡이 발생할 수 있다. "나는 그런 뜻으로 이야기한 게 아닌데, 그건 정말 오해야." 사람 사이에 흔히 볼 수 있는 대화장면이다. 우리가 사람과 그리고 세상과 소통하기 위해 사용하는 미디어는 여러 요인에 의해 그 자체로 불완전할 수밖에 없다. 1 대 1 개인 간 소통은 상대적으로 오해가 발생할 소지가 적다. 전달과정이 단순하기 때문이다. 그러나 1 대 다(多) 혹은 다 대 다의 소통에는 왜곡이 발생할 소지가 크다.

우리는 사진이나 동영상 등 영상미디어가 실제현상을 있는 그대로 전달하기 때문에, 다시 말하자면 사실성이 매우 높으므로 영상미디어를 통한 소통에는 왜곡이 발생할 가능성이 적다고 생각하는 경향이 있다. 사진, 동영상 등은 사실성이 매우 높으므로 이를 통해 매개되는 내용 자체도 있는 그대로의 사실로 받아들이기 쉬우며 때로는 사실을 넘어선 '진실'로 받아들이곤 한다. 사진이나 동영상은 현상을 있는 그대로 보여주기에 거기에는 어떤 왜곡도, 거짓도 존재할 수 없다는 막연한 믿음이 있기 때문이다.

과연 그럴까? 대도시를 찍은 사진을 생각해 보자. 고층건물, 멋진 자동차, 화려한 백화점 쇼윈도, 생기 넘치는 도시의 멋쟁이를 담은 사진을 통해 전달되는 이미지와 스모그로 뒤덮인 도시, 거대한 빌딩 모퉁이의 노숙인, 처진 어깨 힘없이 걷는 행인들을 담은 사진을 통해 전달되는 이미지는 다를 것이다. 사진이라는 미디어를 매개로 '같은' 도시를 전달하는 각각 사진 역시 매개하고자 하는 도시를 '있는 그대로' 전달한다. 그러나 이를 통해 소통되는 내용은 다를 수 있다. 사진을 찍는 것도 사람이고 받아들이는 것도 사람이다.

사진이나 동영상으로 매개되는 세상은 있는 그대로의 세상이 아닐 수 있다. 피사체를 찍는 각도, 빛의 강약, 종류 등에 따라 대상의 이미지는 크게 달라진다. 같은 사람을 아래에서 위로 올려 찍으면 그 사람은 실제보다 더 커 보이고 권위 있게 느껴진다. 반대로 위에서 아래로 내려찍으면 그 사람은 실제보다 더 작아 보이고 힘없게 느껴진다. 같은 인물을 따듯하고 화사한 조명 아래에서 찍는 경우와 어두침침한 조명 혹은 괴기스러운 조명 아래에서 찍는 경우 사람은 같은 사람이지만 느낌은 전혀 다르게 전달될 수 있다.

사진의 배경에 따라 내용이 달라지기도 한다. 코스모스 만발한 한적한 시골길을 배경으로 찍은 인물사진과 매연을 뿜어대는 꽉 막힌 도시의 도로를 배경으로 찍은 동일한 인물의 사진이 전달하는 내용은 달라질 수 있다.

피사체의 모습도 변수가 된다. 최신 유행의 멋진 옷을 입고 찍었는지, 유행이 지난 옷을 입고 찍었는지, 양복을 입었는지, 개량 한복을 입었는지, 머리 모양은 어떤지, 화장은 어떻게 했는지, 웃고 찍었는지, 찡그리고 찍었는지…. 얼굴이 작아 보이고 예쁘게 나오는 '얼짱 각도'가 단적인 예이다. 셀프카메라로 자신의 모습을 멋지게 찍기 위해 여러 각도로 찍어본 사람, 배경을 달리하면서 찍어본 사람은 어떻게 찍는가에 따라서 자신의 모습이 크게 달라 보인다는 사실을 잘 알 것이다.

사진이나 동영상은 그 자체로는 사실성이 매우 크지만 사실성이 큰 만큼 현실을 왜곡할 가능성도 더 크다. 그리고 동일한 영상일지라도 그것을 받아들이는 개개인의 사회경제적 여건에 따라 받아들이는 내용은 크게 달라질 수 있으며 그 시점의 감정상태에 따라서도 영향을 받는다.

우리는 세상을 있는 그대로의 전체로 받아들일 수 없다. 우리가 보고 인지하는 것은 전체가 아니며 미디어를 통해 매개된 결과들이다. 타인의 시선을 통해 촬영된 사진이나 영상을 통해 우리가 받아들이는 세상은 있는 그대로의 세상이 아니다. 심지어 우리 자신의 눈과 귀로 직접 보고 듣는 것도 왜곡될 수 있다. 그러나 아쉽게도 우리는 우리가 직접 혹은 간접적으로 보고 듣는 것은 모두 사실이고 전체이며 진실이라 믿는 경향이 강하다.

사진이나 영상 그 자체가 현실을 있는 그대로 반영하지 못하는 것을 넘어 전달자가 이것을 어떤 목적으로 촬영하고 어떤 순서로 배치해서 보여주는지 역시 수용자가 받아들이는 느낌에 큰 영향을 준다. 만일 어떤 개인이나 단체가 특정한 목적을 갖고 영상을 촬영하거나 심지어 전혀 관계가 없는 영상을 의도적으로 편집해서 전달한다면 그것을 받아들이는 사람은 목적을 모른 채 그들이 의도한 특정한 감정에 빠질 수도 있다.

영상 촬영과정과 편집과정을 단계별로 나누어 생각해 보면 이런 사실은 더욱더 명백해진다. 영상을 촬영하기 위해서는 행위의 주체가 무엇을 촬영할 것인지, 왜 촬영하는지 등을 결정하는 과정, 즉 기획의 단계가 필요하다. 이 단계에서부터 주관적 판단이 개입된다. 어떤 내용을 촬영할 것인가를 결정한다는 것은 다른 한편으로 보면 촬영할 것과 촬영하지 않을 것을 구분하는 과정이다. 어떤 내용을 촬영할 것인가를 결정하는 과정은 무척 중요하며 그 과정에는 기획자의 가치관이 개입된다. 그가 느끼기에 아름답다거나 소중하다거나 가치 있다고 생각하는 것을 촬영하기 때문이다.

촬영을 완료한 후에도 주관은 개입된다. 촬영한 내용 전체를 있는 그대로 전달하지는 않기 때문이다. 또다시 선택이 시작된다. 촬영된 내용 중에서 어떤 것은 선택되고 어떤 것들은 버려진다. '편집'(editing)이라 부르는 이 과정 역시 무척이나 주관적이다.

이 편집의 과정에서 특정한 스토리(story)가 생겨난다. 편집의 과정을 거쳐 스토리가 '의도적으로' 만들어지는 것이다. 촬영한 여러 영상을 어떤 순서로 배치할지, 어느 정도의 길이로 배치할지, 거기에 어떤 자막이나 효과음악을 집어넣을지, 컴퓨터 그래픽 기술을 이용해서 어떤 특수효과를 집어넣을지 등에 따라 완성된 영상은 전혀 다른 의미를 지닐 수 있다. 영상은 객관적인 것 같지만 본질도 그리고 기술적 과정도 무척이나 주관적이며 의도가 개입될 여지가 큰 미디어이다.

수용자는 대개 완성된 미디어를 기획자와 제작자의 의도대로 받아들인다. 그러나 의미는 이를 받아들이는 수용자의 처지에 따라서도 달라질 수 있다. 실연한 후 듣는 대중가요와 열애 중일 때 듣는 대중가요의 느낌이 완전히 다르듯 어떤 입장에 처했는가에 따라서 같은 영상도 다른 맥락으로 받아들여진다.

앞에서 설명한 대로 9·11 테러로 불타오르는 110층 세계무역센터에서 뛰어내리는 사람들을 보면서도 어떤 사람들은 전혀 슬픈 감정을 느끼지 못할 수도 있고 또 이런 테러를 저지른 사람들에게 분노하지 않을 수도 있다. TV를 통해 생중계되는 화면 역시 현실세계에서 실제 발생하는 사실이고 모두에게 동일하게 전달되지만 받아들이는 사람의 입장에 따라 전혀 다르게 받아들여질 수 있다는 사실을 우리는 인정해야 한다.

또한 여기서 영상미디어가 무척이나 선정적이고 감성적인 매체

2015년 9월 터키 해변에서 발견된 쿠르디

라는 사실을 꼭 짚고 넘어가야 한다. 전쟁이나 테러의 참상을 말이나 글로 제아무리 실감 나게 설명해도 피 흘리며 죽어가는 어린아이를 안고 흐느끼는 어머니의 사진 한 장보다 즉각적 감정을 불러일으키지는 못한다.

글이나 말로 표현된 것은 뇌가 처리하면서 이미지화하는 단계를 한 번 더 거쳐야 하며 그 과정에서 즉각적 감정은 여과되거나 배제될 수 있다. 반면 영상은 시각을 통해 즉각적으로 뇌에 인지된다. 이렇듯 영상은 무척이나 선정적이고 감성적인 매체이다.

쿠르디(Alan Kurdi)의 사진은 이를 잘 보여준다. 쿠르디는 2015년 9월 터키 해변에서 사망한 채로 발견됐다. 사망 당시의 나이는 3세였다. 쿠르디는 오랜 내전과 ISIS의 신정독재로부터 탈출한 시리아 난민으로 그리스로 가던 중 익사했는데 시신이 파도에 떠밀려 터키 해변에서 발견됐다. 쿠르디의 사진은 전 세계 사람들에게 큰 충격을 주었고 난민문제에 유럽 및 미국 등 서방 선진국이 적극적으로 나서는 계기가 됐다.

민간 여객기가 국제무역센터 빌딩에 충돌하는 장면, 화염에 휩싸인 빌딩이 무너져 내리는 장면, 사람들이 잔혹하게 처형당하는 장면 등 극적 영상은 자유주의 진영의 상업미디어에 의해 더욱 많이 선택되고 반복해서 방송될 가능성이 크다. 사람들은 보기 힘들어하면서도 이런 자극적 영상에 눈길을 보낸다.

어쩌면 무척이나 본능적 행위일지도 모른다. 그런 자극적 영상은 보는 이에게 특정한 정서적 반응을 일으키고 이를 통해 생존 본능 혹은 야수적 본능을 일깨워주기 때문일 것이다.

테러리스트는 이런 자유주의 진영 상업미디어의 속성을 정확하게 이해한다. 그들은 더 많은 사람을 더 잔혹하게 죽이고 이를 영상미디어를 통해 전 세계에 생생하게 전달할 때 선전선동 효과가 최대로 커진다는 사실을 잘 알며 극적 효과를 거둘 수 있는 테러를 기획하고 실행한다.

의외로 많은 사람이 영상미디어는 사실적이지만 사실 자체가 아니고 객관적이지도 않으며 진실은 더구나 아니라는 것을 잘 모른다. 수동적 수용자는 TV 매체를 통해 혹은 인터넷 매체를 통해 전달되는 뉴스영상을 보면 이를 있는 그대로의 사실 혹은 진실로 받아들이는 경향이 있다. 또한 그 영상이 어떤 의도로 촬영되고 편집되고 가공되어 자신에게 전달되었는지에 의문을 두지 않는다.

ISIS 테러집단에는 영상문법에 정통한 선전선동 전문가들이 존재한다. 그들은 테러행위를 매우 정교하게 촬영하고 편집하고 특수효과를 집어넣어 선전선동 영상을 만든다. 또 이를 이용해 전 세계 청소년을 유혹한다. 이런 영상은 자극적이고 사람을 흥분시키며 악과 대항해 싸우는 성전의 전사들을 찬양하듯 묘사한다. 참수, 화형 등의 참혹한 살인도 영웅적이며 성스러운 행위로 미화된다.

이들이 치밀하게 기획, 촬영, 편집해서 만들고 SNS를 통해 서방의 젊은이를 유혹하는 선전선동 영상은 상당한 중독성이 있다. 선전선동 영상 속 잔혹한 장면은 사람을 흥분시키며 일부 사람의 악마적 심성을 자극할 수도 있다.

ISIS의 선전선동 영상은 청소년을 유혹한다. 여기가 바로 진짜 낙원이라고…. 죽고 죽이는 전쟁터, 피가 난무하고 죄 없는 사람들이 죽어가는 전쟁터가 낙원으로 표현되는 것은 참으로 아이러니하다. 현실이 비현실 같고 비현실이 현실 같은 세상이 미디어를 통해 만들어진다.

미디어와 테러의 관계:
이념 전파

테러리스트에게 미디어는 생명과 같다. 미디어가 테러를 보도하지 않으면 테러도 사라질 것이라는 주장도 이론적으로는 가능할 정도다.

자살 폭탄테러, 항공기 폭파, 참수, 화형 등을 통해 테러리스트가 노리는 것은 무엇인가? 이들의 목적은 군부대, 핵발전소, 정부시설, 주요 요인을 암살함으로써 직접 적을 무력화시키고 정부를 전복하여 자신들이 정권을 잡으려는 것이 아니다. 아무리 많은 테러를 저질러도 행위 자체로는 군사적 의미의 전쟁에서 승리할 수 없다. 그들은 그 정도의 전투역량을 확보하지도 못한다.

게다가 이런 시설들은 비교적 잘 방어된다. 이들이 맞서 싸우는 대상은 지구 최강의 미국 그리고 서방 선진국들이다. 항공모함, 탱크, 초음속 전투기, 드론을 비롯한 최첨단 무기에 대항해 이들은 재래식 총과 급조 폭발물로 맞서 싸운다. 테러리스트는 자신이 처한 비대칭적 무력현실을 잘 안다.

테러리스트는 소프트 타깃을 대상으로 무차별적 테러를 저지르는 전략·전술을 선택해 대중의 마음에 공포심을 조장하고 극대화함으로써 상대국가의 전쟁의지를 꺾으려 한다. 이런 목적을 달성하려면 테러가 자유주의 진영 대중에게 최대한 많이 전달되어야 한다. 뉴스에 더 많이 노출되고 더 많은 사람이 보려면 테러는 더욱더 잔혹하고 끔찍해야 한다. 이런 과정이 악순환된다.

만일 미디어가 테러리스트의 행위를 전혀 보도하지 않는다면 이 목적은 달성할 수 없다. 그러나 자유주의 진영은 언론의 자유, 표현의 자유를 소중한 가치로 삼는다. 언론의 자유가 일시적으로는 혼란을 불러올 수 있지만 대중이 궁극적으로 올바른 판단을 할 수 있으려면 현실을 있는 그대로 표현하고 전달할 수 있는 언론의 자유가 필요하기 때문이다.

언론의 자유 이념뿐만이 아니다. 디지털 미디어 혁명으로 국가가 미디어를 이제 더는 완전히 통제할 수 없는 사회로 진입했다. 과거에는 거대자본과 시설을 갖춘 소수의 방송사나 신문사가 언론을 장악했고 국가는 이들을 어느 정도 통제했다. 그러나 과학기술, 특히 디지털 미디어 분야의 혁명적 발달로 이제는 누구나 손쉽게 뉴스를 생산하고 인터넷을 통해 전 세계 누구에게든 전달할 수 있다.

촬영장비도 소형화, 경량화됐고 가격도 싸졌다. 노트북으로 영상도 간편하게 편집할 수 있고 특수효과나 자막도 넣을 수 있다. 그리고 SNS를 통해 이를 전 세계로 전달할 수 있다. 국가 혹은 소수 거대자본이 미디어를 완벽하게 통제하는 것은 더는 불가능하다.

이런 세상은 ISIS와 같은 테러집단에 더할 나위 없이 좋은 미디어 환경을 제공한다. 그들은 자신의 주의주장을 정교하게 담은 선전선동 영상을 제작하고 이를 이용해 전 세계 젊은이를 유혹한다. 그리고 이들을 테러에 끌어들인다.

자유주의 진영의 딜레마

대테러 당국은 ISIS와 같은 테러집단의 선전선동을 완벽하게 통제하지 못한다. 언론의 자유 그리고 개개인의 통신비밀 보호는 무엇보다도 소중한 가치이기 때문이다. 국가안보와 테러방지도 소중하지만 그것을 통해 지키려는 가치가 바로 개개인이 누리는 자유이다. 그러므로 개인의 자유를 희생하면서 국가안보를 지킬 수는 없다는 논리이다.

글로벌 테러리즘의 위협이 일상화된 상황에서 국민의 생명과 재산을 지키면서 개개인의 자유도 존중하기 위해 테러방지와 통신비밀, 프라이버시 보호라는 서로 상충하는 가치를 어떻게 조화롭게 풀어갈 것인가는 중요한 과제이다.

2015년 12월 미국 샌버너디노에서 발생한 테러로 14명이 사망하고 22명이 다쳤다. 법원은 애플에 미 연방수사국(FBI)의 수사를 위해 테러리스트인 무슬림 부부의 아이폰을 들여다볼 수 있도록 아이폰 잠금해제를 지원하라고 명령했지만 애플은 따르지 않았다. 비밀번호 해제를 도와주면 고객이었던 테러리스트는 물론 향후 애플 스마트폰을 사용하는 일반시민의 프라이버시를 침해하는 위험한 선례가 될 것이라는 이유에서였다.

애플 "FBI라도 안돼"

SBS

LA 연방지법
"애플은 FBI가 잠금장치 풀 수 있도록 협조하라"

2015년 12월 미국 샌버너디노에서 발생한 테러관련 보도

출처: SBS

　미국 등 서방 자유주의 진영에는 표현의 자유 및 이를 공유할 수 있는 언론의 자유가 소중한 헌법적 가치로 지켜지며, 여러 언론사는 각자 자신의 정파적 입장에 따라서 국제정세 및 테러를 보도한다. 미국 보수언론은 오바마 대통령의 이라크 및 아프가니스탄 전략에 매우 비판적이며 무슬림도 부정적 시선으로 보도하는 경향이 있다.

　ISIS는 이런 보수언론의 보도를 이용한다. 미국 보수언론의 보도를 교묘하게 편집해서 미국은 결국 패배할 수밖에 없다는 식으로 인용한다. 이런 방식으로 미국 정부는 무력하며 국민을 지켜줄 수 없다는 불안감을 조성한다. 그리고 서방의 소외된 청년을 유혹한다.

　'당신이 속한 그곳은 당신을 위한 나라가 아니다', '그곳에서 당신은 행복할 수 없다. 이리로 와서 이슬람 지하드에 동참하라', '이곳

에서 당신은 완전한 소속감과 진정한 행복을 느낄 수 있고 명예도 돈도 여자도 다 얻을 것이다', '당신이 지하드 과정에서 자살 폭탄테러를 수행하면 죽음과 동시에 천당에 갈 것이다', 'ISIS와 함께할 수 있는 이곳이 진짜 낙원이다'. ISIS의 선전선동 때문만은 아니겠지만 이런 유혹에 넘어간 전 세계 청소년이 약 2만 명에 이른다.

자유주의 진영에서는 수많은 사상과 정파 그리고 언론이 서로 자신의 주장을 이념의 자유시장에 내보이며 경쟁한다. 때로는 비효율적이고 무기력하며 혼란스럽다는 비판도 있다.

그러나 진정한 힘은 바로 여기에서 나온다. 모든 생각이 자유롭게 표현되고 서로 비판받을 수 있을 때 그 과정에서 인류의 행복에 기여할 수 있는 사상이 선택될 것이라는 믿음이 있기 때문이다. 개개인의 통신비밀 보호와 표현의 자유 그리고 언론의 자유가 끝내는 승리할 것이라는 믿음이 중요하다.

무엇이 올바른 사상인지는 결국 사람들이 판단한다. 사람들이 서로 행복하고 평화롭게 살 수 있는 세상, 그런 세상을 만드는 데 도움이 되는 사상이 바로 올바른 사상일 것이다. 세상은 폭력을 통해서는 절대로 행복해질 수 없다. 어떤 명분이나 논리로도 무고한 민간인을 무참하게 살해하는 테러를 정당화할 수 없으며 그를 통해 테러리스트가 주장하는 세상이 이루어질 수도 없다.

제 3 부

**테러 없는 세상,
청소년을 지키기 위하여**

극단적 이데올로기의
위험한 유혹

청소년이 극단주의 이데올로기에
취약한 이유

청소년이 ISIS와 같은 극단주의 테러단체에 가입하는 이유는 무엇일까? 일부의 주장대로 종교적 이유가 크게 작용하는 것일까? ISIS에 가입하기 위해 사선(死線)을 넘는 사람 중 대부분은 20대 전후의 청소년이다. 그렇다면 왜 젊은이가 주로 ISIS와 같은 극단주의 테러리스트 단체에 가입하는 것일까?

종교적 이유로 이런 현상을 설명하는 것은 설득력이 떨어진다. 이슬람 원리주의에 대한 깊은 이해가 지하드 동참의 중요한 요인이라면 젊은이보다 성인이 더 많이 참여할 것이기 때문이다. 젊은이는 일반적으로 신앙심도 부족하고 종교의 교리에 대한 깊은 이해가 부족하다. 종교에 대한 깊은 이해와 복종은 거대한 자연재해, 가난과 질병, 이별과 죽음 등 인간이 살아가면서 겪는 고난 속에서 생겨나는 경우가 많기 때문이다.

전 세계의 모스크, 성당, 교회, 사찰 등에서 깊은 신앙심으로 신에게 무릎 꿇고 무엇인가를 간절히 기원하는 신자 상당수는 노인이다. 젊은이가 신앙에 깊이 빠지기는 쉽지 않다. 그들에게는 비록 불확실할지언정 흥미진진한 세상이 눈앞에 펼쳐져 있기 때문이다.

길을 가다 아름다운 꽃, 나무, 하늘 등을 보고 발길을 멈추는 사람들 대부분은 나이가 어느 정도 든 사람이다. 그래서 자연이 좋아지면 나이가 든 것이라는 말도 있다. 젊은이는 자신의 삶 자체가 극적이고 흥미진진하기에 자연 그리고 신을 찬미할 필요도 없고 또 현실적으로 그런 여유도 부족하다.

이슬람 종교에 대한 깊은 이해가 ISIS 테러집단에 대한 동조와 참여의 주요한 요인이 아니라면 과연 무엇이 서방의 젊은이를 죽음의 땅으로 끌어들일까?

우리는 청소년기의 신체·심리적 특성에 주목할 필요가 있다. 청소년기는 육체와 정신이 급격하게 성장하고 변화를 겪는 시기이다. 육체적으로 크게 성장하고 정신적으로는 추상적 사고와 자의식이 발달한다. 대뇌 중 전두엽은 사물의 판단과 인식 그리고 감정의 조절을 담당하는, 다시 말해 인간을 인간답게 만드는 가장 중요한 부분이다. 청소년기는 실제로 전두엽이 가장 왕성하게 발달하는 시기이다. 전두엽이 왕성하게 발달한다는 것은 한편으로 생물학적으로 불안정한 시기임을 의미한다. 대뇌 내부에서 급격한 변화가 이루어지는데 안정될 수는 없기 때문이다.

또한 청소년기는 2차 성징이 발현되는 시기로 성호르몬이 왕성하게 생겨나고 이에 따라 성적(性的) 욕망 또한 폭발적으로 증대하는 시기이다. 청소년기에 성에 관한 관심이 커지고 충동적인 것은 너무나 자연스럽다.

식욕, 수면욕, 성욕 등은 인간의 기본적 욕구이다. 이것이 충족되지 못하면 심한 스트레스에 빠질 수 있다. 배고프면 먹어야 하고 졸리면 자야 한다. 이 두 가지 욕구는 비교적 쉽게 부족을 충족시킬 수 있다. 그러나 성욕의 경우는 좀 다르다. 그러므로 2차 성징이 발현하고 성적 호기심과 충동이 급격히 증대하는 청소년기는 성적으로도 심하게 스트레스를 받는 시기라고 할 수 있다.

청소년기의 또 한 가지 중요한 특징은 친구 혹은 또래집단과의 유대감이 매우 강하고 중요한 시기라는 점이다. 몸이 커지고 전두엽의 발달로 추상적 사고가 활발해지면서 1차적 유대를 맺어온 가족이라는 울타리를 넘어 세상을 탐구하고 그 속에서 자신의 정체성을 찾고자 하는 시기의 청소년에게 또래집단이 갖는 의미는 매우 특별하다.

공감 그리고 유대감

흔히 청소년기를 질풍노도의 시기라고 말한다. 이유 없는 반항심이 생기기도 하고 부모와의 갈등도 커진다. 특별한 이유가 없을 수도 있다. 친구 혹은 또래집단과는 취미나 놀이 등을 공유하기 쉽다. 이를 공유하면서 자연스럽게 유대감이 형성된다. 부모와의 애착관계에서 조금씩 벗어나 독립해가는 자연스러운 과정이다.

충격적 사건을 일으킨 테러리스트의 부모 대부분은 자녀가 그런 일을 벌였다는 사실을 이해하기 힘들어한다. 나쁜 친구를 사귀었기 때문이라고 생각한다. 부모의 마음속에 자신의 아이는 착하고 말 잘 듣는 어린 자녀로 남아있기 때문이다.

그러나 청소년기를 거치면서 자녀는 성장하고 부모의 품을 떠난다. 당연하고 자연스러운 일이다. 문제는 어떻게 친구 그리고 세상과 관계를 맺고 더불어 행복하게 살아가는 방향으로 독립하는가이다. 이 과정에서 문제가 생기는 이유는 여러 가지가 있다.

청소년기 또래집단 사이에는 여러 가지 유대감이 존재한다. 동일한 성장기를 거치므로 육체·정신적 변화 역시 동일하게 경험하면서 자연스럽게 서로를 이해하고 공감한다. 그리고 사회경제적으로 비슷한 조건의 친구를 사귈 가능성이 크므로 그들이 어떤 나라, 어떤 집안에서 태어났는가에 따라 선천적으로 결정되는 여러 장벽도 함께 공유한다.

만일 어떤 청년이 영국의 가난한 무슬림 이민자 가정의 자녀로 태어났다면 그의 또래집단 친구들 역시 동일한 조건을 가질 가능성이 크다. 그러므로 이들은 청소년기의 육체·정서적 불안정성에 따른 공감대뿐만 아니라 미래의 직업, 결혼, 사회생활에서 예상되는 어려움, 좌절, 불안도 함께 공유한다. 다시 말해, 생물학적 유대감뿐만 아니라 정치·경제적 유대감도 또래집단 친구 사이에 자연스럽게 형성될 가능성이 매우 크다.

자신이 속한 집단을 벗어나 신분상승을 이루겠다는 의지가 강한 청소년 역시 이런 문제로부터 자유롭기는 어렵다. 숨겨진 좌절감이 그를 평생 괴롭히거나 자신의 정체성을 어디에서도 찾기 어려워 방황할 수도 있다.

가족으로부터 정서적 지지를 충분히 받지 못한 경우 안정감이나 지지를 또래집단에게서 구하는 경우도 많다. 긍정적으로 보자면 친구관계를 통해 인간관계 및 사회관계의 기술을 배울 수도 있다.

만일 청소년기 또래집단 사이에 특정한 비밀을 공유한다면 유대감은 매우 특별해진다. 또한 기존의 사회규범을 벗어난 어떤 행위로 비밀을 공유한다면 이들 사이의 유대감은 '집단소속감'이라 부를 만한 특별한 관계로 발전할 수 있다. 서로 비밀을 지켜주고 비밀을 지키지 않거나 무리에게서 벗어나려 할 경우 또래집단으로부터 응징을 받을 수도 있다. 실제 응징이 없더라도 상당한 심리적 압박을 받는다. 이를 또래집단의 동조압력이라 한다.

이들은 1차적으로는 비슷한 스타일의 옷을 입고 비슷한 게임을 함께 즐긴다. 2차적으로는 표면적 스타일의 차원을 넘어 생각의 동조가 이루어진다. 또래집단이 주변 세상을 받아들이는 방식을 따라하는 것이다. 만일 부모로부터 안전한 환경과 정서적 지지를 충분히 받지 못하거나 어떤 이유로든 자존감이 부족한 청소년이라면 또래집단의 동조압력은 더욱 커질 것이다. 또래집단은 강력한 소속감과 안정감을 제공하기 때문이다.

어딘가에 소속된다는 것은 외롭고 정서적으로 불안정할 수 있는 청소년에게 무척 중요한 의미를 지닌다. 반사회적 일탈행동을 공유하는 또래집단인 경우 결속력과 동조압력은 더욱 커진다. 또래집단이 공유하는 게임, 놀이, 음주, 약물, 폭력 등을 거부했을 때 자신이 집단으로부터 배제되거나 처벌받을 수 있다는 두려움은 청소년이 해당 또래집단으로부터 벗어나지 못하거나 더욱더 깊이 빠지는 이유가 된다.

가족, 가까운 또래집단 혹은 자신이 소속된 공동체나 국가에 소속감을 충분히 느끼지 못하는 청소년은 ISIS와 같은 극단주의 테러리스트의 먹잇감이 될 가능성이 크다. 테러리스트는 이런 조건을 갖춘 청소년을 지구상 어디든지 찾아 나선다. 때로는 이런 청소년이 먼저 극단주의 테러단체에 흥미를 느끼고 접촉을 시도하기도 한다.

젊은이가 이런 극단주의 테러단체에 빠지는 것을 막기 위해서는 청소년기의 특성을 제대로 이해하고 이들을 도와주려 노력해야 한다. 공동체 전체가 실수할 수 있고 방황할 수 있는 청소년에게 좀더 포용적이어야 하며 이들의 미래에 희망이 있도록 노력해야 한다. 희망의 핵심은 출신과 관계없이 공평하게 교육받을 기회, 열심히 노력하면 자신의 가치가 존중받을 직업을 선택할 기회, 사랑을 주고받을 파트너를 구하고 사회적으로 인정받을 기회의 제공 등이다.

가상과 현실 사이

청소년기는 육체·정신적 불안정으로 인해 여러 가지 병리적 문제를 겪을 수 있다. 알코올 중독, 인터넷 중독, 폭력 행위, 은둔형 외톨이 생활 등이 그것이다. 특히, 현대사회에서 청소년의 인터넷 중독은 매우 심각하다. 이 문제는 비단 청소년의 고립과 사회부적응뿐만 아니라 ISIS와 같은 극단적 테러리스트와 연결될 가능성이 커지므로 더욱더 심각하다.

인터넷 중독은 일정 수준에 이르기 전까지 부모 등 주변사람이 알아챌 수 없다. 특히, 우리나라의 경우 인터넷과 컴퓨터 보급률은 세계 최고 수준이고 인터넷 없이는 학업을 수행할 수 없는 경우도 많다. 그래서 일하느라 바쁜 부모는 자녀가 컴퓨터 앞에 앉아 있으면 공부하거나 컴퓨터를 이용해 정보를 얻고 있을 것으로 생각한다. 혹은 그렇게 믿고 싶어 한다.

부모는 자녀가 컴퓨터로 어떤 사이트에 접속하고 어떤 폭력적 게임에 심취하는지 알기 무척 어렵다. 일정 수준의 중독에 이르기까지 부모는 그저 가끔 관찰하고 주의를 주는 수준에 머무른다.

인터넷 환경 및 컴퓨터 성능의 향상으로 수많은 게임이 등장했다. 무한 이윤을 추구하는 게임업체가 개발하는 흥미진진하고 생

일본 히키코모리의 모습

생하고 폭력적이며 선정적인 게임은 청소년이 한번 빠지면 벗어나기 어려울 정도로 재미있다.

일본에서는 20~30대 성인 중 현실세계에서 실제로 이성을 사귀지 않는 사람이 증가했다. 원인 중 하나가 인터넷을 통해 너무나 손쉽게 포르노그래피를 접할 수 있고 흥미진진한 게임이 많기 때문이라는 연구결과도 있을 정도이다. 일본에는 현실세계와 담을 쌓고 자신의 방에 틀어박혀 오직 컴퓨터만 끌어안고 살아가는 히키코모리(引き籠もり), 즉 은둔형 외톨이 수가 50만 명에 이른다.

학교, 직장 심지어 가족과도 단절된 채 자신의 집이나 방에 틀어박혀 지내는 히키코모리는 일본 내각부 조사결과, 54만 1천 명으로 추산됐다(2015년 기준). 우리나라는 아직 정확한 통계조차 없으나 급격한 사회변동과 과도한 경쟁으로 상당수의 청소년이 은둔형 외톨이 성향을 지닌 것으로 추정된다.

최근 은둔형 외톨이에 의한 '묻지마 범죄'가 일본과 한국에서 연이어 발생했다. 1970~1990년대 본격적으로 생긴 은둔형 외톨이는 이제 40대에 접어든다. 이들이 정상적 사회생활을 할 가능성은 매우 낮다. 더구나 이들을 돌봐주던 부모 세대가 고령화되어 가족의 도움이 더는 불가능해지면서 은둔형 외톨이 문제가 반사회적 범죄나 테러 등으로 발전할 것이라는 염려가 제기된다.

현실세계 어디에도 소속되지 못하고 홀로 웅크린 채 인터넷 세상에 빠져 사는 청소년은 ISIS와 같은 극단주의 테러단체의 손쉬운 목표물이다. 사이버 세상에 홀로 남겨진 젊은이는 자신이 소속된 현실세계가 아니라 인터넷을 통해 머나먼 열사의 땅 시리아, 이라크의 테러리스트와 유대감을 느끼고 그 속에서 자신의 정체성을 찾으려 할 수도 있다.

ISIS가 정교하게 제작한 선전선동 영상은 유튜브를 시청하고 인터넷 게임을 즐기며 페이스북과 트위터를 하면서 자란 청소년에게 우리가 상상하는 것 이상으로 강력한 영향력이 있을 수 있다. ISIS가 만들어낸 거짓 낙원은 현실세계 어디에도 소속되지 못한 청소년에게 소속감, 안정감, 성취감, 행복감 등을 제공할 수 있기 때문이다.

청소년을 과격 테러 이데올로기로부터 지키기 위해서는 청소년이 느끼는 소외감, 박탈감, 불안의 원인이 무엇인지 그리고 디지털 문화는 어떤지 이해해야 한다. ISIS에 포섭된 청소년은 자신과 가까운 또래집단 친구 중 일부를 포섭해 테러에 함께 가담할 가능성도 크다. 비슷한 환경에서 함께 자랐을 이들 역시 현실세계에서 소외된 집단일 가능성이 크기 때문이다.

다시 한 번 강조하지만 청소년기는 정신적, 육체적으로 변화가 무척 심하며 불안정한 시기이다. 세상을 이해하고 자신의 정체성을 확인하고자 갈망하지만 훌륭한 인생의 선배 혹은 스승을 만나 올바른 세계관과 인생관을 형성하기는 쉽지 않다. 오히려 주변의 또래집단과 관계를 맺으며 때로는 소소한 일탈도 함께하면서 세상에 적응하는 경우가 일반적이다.

현대사회의 인터넷 중독, 컴퓨터 게임 중독이 청소년에게 미치는 영향에 대해 앞으로 더 많은 연구가 필요하다. 이런 중독으로 수많은 청소년이 은둔형 외톨이로 살아가며 이들이 성인이 되는 시기, 즉 그들의 부모가 고령화되어 어떤 도움도 줄 수 없는 시기가 오면 그로 인한 범죄는 더욱더 심각한 사회문제가 될 수 있다.

인터넷 게임에는 우리가 상상하는 것 이상으로 폭력적인 게임이 많다. 총 게임, 전쟁 시뮬레이션 게임 등이 대표적이다. 실제와 흡사한 전투상황이 모니터 앞에 전개된다.

요즘 모니터는 해상도도 높다. 컴퓨터 프로세서의 처리속도도 빠르고 인터넷도 빠르므로 끊김 현상도 거의 없어 몰입을 방해하지 않는다. 그래픽이 조악하거나 게임 중간에 인터넷이 가끔 끊기기라도 한다면 게임을 즐기는 청소년에게 이것이 가상이고 게임상황이라는 사실을 상기하기라도 하겠지만 인터넷 게임은 이와 반대로 더욱더 실감나고 역동적인 방향으로 진화한다.

총기 게임 등 전쟁 게임에서는 사람들이 영화 속 한 장면처럼 너무 쉽게 죽는다. 그것도 실감나게 죽어간다. 흘리는 피도 끔찍할 정도로 사실감이 있다. 더 많은 적, 즉 더 많은 사람을 죽이면 죽일수록 더 높은 점수를 얻는다. PC방에서 몇 날 며칠 제대로 먹지도 자지도 않고 게임만 하다가 사망에 이른 사례도 있다. 이 정도로 게임은 중독성이 강하다.

폭력적 인터넷 게임에 익숙하고 심지어 중독된 청소년의 경우 가상과 현실의 구분이 모호해지거나 혹은 가상을 넘어 실제세계에서 게임과 유사한 경험을 해보고 싶은 충동을 느낄 수 있다. 이들은 현실세계에서 ISIS가 자행하는 극악하고 반인륜적인 테러를 역겨워하거나 두려워하지 않으며 오히려 매력이나 흥미를 느끼거나 실제로 하고 싶다고 느낄 수도 있다. 뉴미디어가 만든 가상세계가 이미 청소년의 현실세계 인식에 큰 영향을 미치는 것이다.

ISIS는 청소년의 이런 심리를 이용한다. 인터넷 게임이 아니라 실제세상에서 직접 총을 들고 사람을 죽이는 기쁨을 느껴보라고 유혹한다. 믿고 싶지도 않고 또 믿어지지도 않겠지만 ISIS의 이런 유혹이 일부 청소년에게 먹히는 듯하다.

거짓된 낙원의 유혹

ISIS는 소속감과 자존감이 부족한 전 세계의 청소년, 특히 서방세계 무슬림 가정의 청소년을 노린다. 청소년에게 SNS를 이용해 선전선동 영상을 퍼트리고 지하드에 동참하라고 유혹한다.

ISIS는 단지 지하드 동참이라는 거창한 명분뿐만이 아니라 현실적 조건을 제시하면서 유혹한다. ISIS에게는 달러, 즉 돈이 있다. 그리고 노예상태의 여성이 있다. ISIS는 점령한 지역의 이교도 남성은 죽이고 여성은 노예로 삼아 이슬람 테러리스트와 강제로 결혼시킨다. 현대판 성노예로 쓰는 것이다.

ISIS에게는 자신의 점령한 이라크와 시리아의 유전에서 나오는 석유를 블랙마켓(*black market*: 암시장)에 팔아서 벌어들이는 달러가 있다. 반인륜적 테러단체인 ISIS의 석유는 상식적으로 국제시장에서 팔릴 수 없다. 그러나 세상은 무척 복잡하게 돌아간다. ISIS의 석유는 국제시세보다 싸다. 이를 사서 팔면 큰 이익을 얻을 수 있다. 부당한 이윤을 추구하는 사람들에게 ISIS가 벌이는 반인륜적 테러는 관심 밖의 일이다. 국제 범죄조직, 특히 ISIS와 국경을 맞댄 터키의 불법조직은 테러오일 특수를 누린다는 의심을 받는다.

ISIS에게는 지배하는 현실적 영토도 있고 거기서 나오는 석유를 팔아 번 돈도 있고 또 그 지역의 사람들에게 거둔 세금도 있다. 또한 인질을 미끼로 수많은 보석금을 받아내기도 한다. 이 돈은 실체를 알기는 어렵지만 제법 큰 액수일 것으로 추정된다. 실제로 ISIS에 가담한 자녀를 구해내려는 부모가 돈을 내고 자녀를 탈출시킨 사례도 있었다.

ISIS는 이렇게 확보한 돈으로 다시 서방의 청소년을 유혹한다. ISIS의 전사가 되면 인터넷 게임에서나 접했던 총을 직접 쏠 수도 있고 전투에 참여해 실제로 사람을 죽일 수도 있다고 속삭인다. 물론 전투와 살인은 이슬람 해방을 위한 성전으로 포장된다. 또한 성전에 참여하다 죽으면 즉시 천당에 간다고 선전한다.

ISIS는 전사가 되면 매달 상당한 금액의 돈도 받고 부인도 얻을 수 있다고 유혹한다. 실제 ISIS 통치 아래서 고통받던 사람들의 증언에 의하면 이들은 여성을 전리품으로 취급하며 강제결혼을 통해 성노리개로 분배한다고 한다. 문명화된 세상에서 절대로 있을 수 없는 반인륜적 범죄이다.

문명화된 선진사회일수록 남녀 간의 관계는 더욱 평등하다. 이는 남성중심 사회에서 여성보다 우월적 권리를 누리던 남성에게는 적응하기 어려운 상황일 수도 있다. 선진화된 사회일수록 여성을 동일한 인격체로 존중하고 대등하게 대우하지 않으면 인정받지도 선택받지도 못한다. 이런 남성 중 일부는 여성이 자신의 일자리를 위협하고 남성을 존중하지 않으며 자신을 모욕한다고 생각한다. 한국 사회에서 요즘 크게 문제시되는 여혐, 즉 여성혐오 현상의 사회경제적 배경이다.

현실세계에서 소외되고 미래가 불확실하며 인터넷 세상에 빠진 청소년에게 ISIS의 선전선동은 무척이나 매력적일 수 있다. ISIS는 돈도 명예도 사랑도 다 얻을 수 있다고 유혹한다. 무고한 사람을 죽이는 테러를 박해받는 무슬림의 정당한 전쟁으로 정의하고 멋지고 심지어 재미있게 포장한다면 기존 사회질서 속에서 답답해 하고 소속감을 느끼지 못하는, 특히 태어나면서부터 차별받으며 마땅한 직업이나 사랑도 얻을 희망이 없다고 생각하는 청소년을 충분히 유혹할 수 있을 것이다.

ISIS 선전선동이
청소년들에게 어필하는 근본이유

전 세계 청소년이 ISIS에 동조하는 이유는 돈, 여성 등 현실적 보상 때문만은 분명 아닐 것이다. 이슬람 문명에 대한 자부심, 근대 이후 서방세계에 의한 이슬람 식민지배, 이스라엘 건국과 팔레스타인 분쟁, 다국적기업과 미국 등 서방세계의 중동 석유자원 독점, 서방세계의 반민주·무능·부패·독재 아랍왕정 지원, 전쟁의 고통과 경제파탄·실업, 무슬림에 대한 편견·차별…. ISIS 등 극단주의 이슬람 테러리즘에 대한 심정적 동조의 바탕에는 이러한 역사·구조적 요인이 깔려있다.

무슬림 이민자 가정에서 태어나 서방세계의 주류사회에 편입되지 못하고 주변부에서 힘들고 더럽고 위험한 일을 하면서도 정당하게 보상받지 못하고 교육이나 취업, 결혼의 기회도 부족하며 자신의 정체성과 미래에 혼란을 겪는 서방세계 무슬림 청소년의 상대적 박탈감과 좌절감은 이들이 과격 이슬람 테러리즘에 유혹을 느끼고 세뇌당할 수 있는 본질적 요인이다.

세계의 화약고이자 오랜 전쟁과 테러로 고통받는 중동지역에서 태어나 매일 죽음의 위험 속에서 꿈도 미래도 없이 살아야만 하는 중동지역 무슬림 청소년은 이 모든 책임이 근본적으로 미국과 서방세계에 있다고 생각할 수 있다. 미국 등 서방 기독교문명의 세속주의, 물질주의가 악의 뿌리이며 이슬람 원리주의에 입각한 신정일치 사회가 대안이라는 주장이 매력 있게 받아들여질 수 있는 것이다.

이들이 생각하는 이슬람 원리주의 신정일치 사회가 시대에 역행하며 이슬람 사회의 현대화와 복리증진에 도움이 될 수 없다는 점은 분명하다. 그러나 이념적으로는 그럴듯해 보일 수 있음 역시 부정하기 어렵다. 무슬림이 느끼는 차별과 억울한 감정을 해소하고 경제적으로 안정되며 인권을 보장하고 여성의 교육과 권익을 향상하지 못한다면 급진 이슬람 원리주의 신정일치 사회의 유혹은 강력할 것이다.

이슬람권은 여전히 불안하고 전쟁과 테러의 악순환이 계속된다. 테러리스트의 과격 이데올로기가 청소년에게 어필하는 근본이유를 해결하지 못하는 한, 이슬람권과 서방세계 사이의 갈등이 근본적으로 해결되지 못하는 한 사랑하는 자녀가 급진 이슬람 원리주의 이데올로기에 세뇌되어 가족의 품을 떠나고 잔인한 테러리스트가 되어 세상을 놀라게 하는 비극을 반복해서 지켜보아야 할지도 모른다.

한국은 테러로부터
안전한 나라인가?

한국은 상대적으로 이슬람 관련 테러의 위협으로부터 안전한 나라라고 알려진다. 아직 우리나라 전체 인구에서 무슬림이 차지하는 비중이 얼마 되지 않기 때문이다.

국내 무슬림에 관한 정확한 통계는 없다. 법무부 출입국 기록에도 종교에 관한 통계자료는 없다. 이슬람 테러 위협을 강조하는 사람들은 최대 30만~40만 명의 무슬림이 국내에 거주한다고 주장하지만 근거는 없다.

국내 체류 무슬림 수를 추정할 수 있는 공식적 자료인 법무부 외국인 체류통계와 문화체육관광부의 국내 종교통계를 종합하면 2014년 11월 기준 국내 거주 무슬림은 약 20만 명이다. 국내에 체류하는 이슬람 협력기구(OIC: Organization Islamic Conference) 국민 인원은 14만 5천 5백 명, 불법체류자 2만 1천 명, 한국인 이슬람교도 3만 5천 명이다(〈한국일보〉, 2015. 1. 24).

모든 무슬림이 테러리스트는 아니다. 하지만 안타깝게도 무슬림 인구비율이 높은 프랑스 등이 테러에 더욱 취약한 것 역시 부정할 수 없다. 서방 선진국의 무슬림 커뮤니티가 상대적으로 낙후하므로 무슬림 인구비율이 높으면 내부에서 급진주의자가 생길 가능성이 크다. 또 이들이 ISIS와 같은 테러조직과 연결되면서 테러의 위험 또한 증가한다.

그렇다면 무슬림 인구비율이 높지 않은 우리나라는 글로벌 테러리즘의 위협으로부터 자유로울까? 전혀 그렇지 않다. 실제로 ISIS는, 유엔 평화유지군의 일환으로 이라크에 파병했으며 미국의 주요 동맹국으로서 미국의 전 세계 군사전략에 적극적으로 협력하는 한국을 테러대상 국가로 지명했다.

한국 내 무슬림 외국인 노동자 중에 이슬람 테러조직에 충성을 맹세하거나 본국으로 돌아간 후 테러에 가담한 사례도 있다. 그리고 2015년 ISIS에 들어간 후 생사가 확인되지 않는 김 군 이외에도 2016년까지 20대 남녀 각 1명이 ISIS와 접촉하고 가담을 시도했다가 적발됐다. 우리나라도 급진 이슬람 원리주의자의 테러로부터 더는 안전하지 않다.

그러나 정말로 심각한 문제는 국내 무슬림에 의한 테러가 아니다. 한국은 분단국가이며 북한과 공식적 휴전상태이다. 북한은 지구상 어느 나라보다 폐쇄적이며 호전적이고 반인권적인 국가이다. 그리고 테러를 수행할 수 있는 강력한 비정규전 전력을 갖췄다. 북한은 비정규전 요원을 침투시켜 요인 암살, 원자력 발전소 등과 같은 주요 시설물 파괴, 지하철 폭탄테러 등을 저지를 충분한 역량을 지녔다.

북한이 상당한 수준의 사이버 테러 및 생화학 테러 능력을 보유했다는 점 역시 크게 우려된다. 북한은 이런 테러를 실행할 수 있는 충분한 자금과 무기 그리고 인력을 보유했다.

많은 나라의 흥망성쇠를 살펴보면 인류 역사상 대부분 위기는 내부로부터 시작됐다. 우리나라도 다르지 않다. 북한이 큰 위협이지만 사실 심각한 문제는 한국사회 내부에 있는지도 모른다. 외부에 아무리 강력한 위협이 존재해도 내부적으로 건강하고 튼튼하게 결속한다면 이를 충분히 이겨낼 수 있다.

우리나라는 급속한 산업화와 정보화를 거치면서 경제가 성장했고 사회 전체적으로는 물질적으로 풍요로워졌지만 상대적 빈부격차는 심화했다. 일제의 식민지배를 겪었고 해방 이후 짧은 기간에 산업화와 민주화를 성취했지만 전통적 가치와 새로운 시대에 어울리는 가치의 조화를 아직 만들지 못했다. 급속한 경제성장이 정체기에 접어들면서 청년실업, 세대갈등, 남녀갈등 그리고 오래된 지역갈등, 이념갈등이 뒤섞여 용광로처럼 끓는 나라이다.

이런 갈등이 긍정적으로 작용하면 사회발전의 동력이 되기도 한다. 그러나 정상적으로 해소하지 못하고 견뎌낼 수 있는 임계점을 넘어서면 사회는 큰 혼란에 빠질 수 있다. 그리고 그 혼란 속에서 악의 씨앗이 자라날 수 있다.

한국의 김 군이 부모를 속이고 자기 발로 ISIS 전사가 되기 위해 터키-시리아 국경을 넘어간 사건은 큰 충격이지만 제2, 제3의 김 군이 나오지 말라는 법은 없다. 아니, 우리나라 내부에서 외로운 늑대형 테러가 생겨날 개연성도 있다.

다행히 한국은 총기규제가 엄격하며 비교적 치안이 잘 유지되는 나라이다. 그러나 국제 범죄조직에 의한 총기류의 반입이 점차 증가했으며 우리에게는 북한이라는 가장 큰 위협이 바로 옆에 존재한다는 사실을 잊어서는 안 될 것이다.

청소년은 학교 입학에서부터 취업에 이르기까지 심한 경쟁에 노출되며 좌절과 소외감이 클 수 있다. 이들이 우리 사회에 충분히 소속되지 못하고 삶의 의미와 목표를 찾지 못한다면, 그리고 이들이 아무런 희망도 발견하지 못한 상태에서 테러리스트가 유혹하는 거짓 낙원을 꿈꾼다면 이는 엄청난 결과로 이어진다.

소 잃고 외양간 고친다는 말이 있다. 소 잃고 외양간을 고치면 이미 소는 사라진 뒤다. 소라면 다행이지만 그것이 자녀의 목숨 그리고 이웃의 생명이라면 생각만으로도 끔찍한 일이다. 일이 터지기 전에 위협을 줄이기 위해 노력해야 한다.

청소년에게 꿈과 미래를 제시할 수 있어야 한다. 가정이 화목하고 청소년이 행복한 미래를 꿈꿀 수 있도록, 청소년이 합당한 직업을 가질 수 있도록, 견딜 수 없을 정도의 과도한 경쟁에 노출되지 않도록, 올바른 세계관과 신앙관을 가질 수 있도록 어른이, 그리고 사회가 노력해야 한다.

또한 청소년이 폭력적 인터넷 게임에 중독되지 않도록 적절한 대책을 마련해야 한다. 그들이 실제세상에서 함께 살아가는 기쁨을 맛볼 수 있도록 도와주어야 한다. 북한이 감히 우리나라를 넘볼 수 없도록 경제적으로 더욱 부강하고 군사적으로 더욱 대비하고 사회적으로 더욱더 안정되도록 노력해야 한다.

청소년을 극단주의
이데올로기로부터 지키기 위해
지금 당장 해야 할 일

진보한다는 믿음 그리고 행동

테러 없는 세상, 폭력 없는 세상을 만든다는 것은 불가능에 가까운 이상(理想)일지도 모른다. 그것은 차별 없는 세상, 평등한 세상, 모든 나라가 비슷하게 잘살고 모든 사람이 출생 국가·인종·성별·종교의 차이와 관계없이 다 함께 어울려 잘 사는 세상이 되어야만 가능한 유토피아일지도 모른다.

나라마다 역사가 다르고 소유한 자원과 힘이 다르고 사람마다 타고난 인종·성별·재능이 다르다. 실제로 많은 것이 다르다. 다르다는 것 자체는 문제가 아니다. 문제는 다르다는 것이 차별로 이어지기 쉽다는 데 있다. '차이를 인정하되 차별하지 않는다'는 말은 쉽지만 실천하기는 보통 어려운 일이 아니다. 능력 있고 가진 자가 스스로 타인의 다름을 인정하고 자신의 것을 나누기는 매우 어렵기 때문이다.

인간의 역사는 자유와 평등 그리고 인간 존중을 향해 꾸준히 진보했지만 여전히 자유가 억압되고 불평등하고 인간이 존중받지 못하는 일이 현실세계에서 벌어진다. 상대적 차별과 박탈감이 사라지지 않는다면 테러와 폭력은 사라지지 않을 것이다. 모든 폭력의 뿌리는 차이 그 자체가 아니라 '차이로 인한 차별'이기 때문이다.

상대적 박탈감과 차별이 폭력의 근본원인이지만 그렇다고 폭력을 통해서는 문제를 해결할 수 없다. 폭력으로는 역사가 진보할 수 없다. 폭력은 수많은 생명의 희생을, 때로는 더 큰 반동을 수반하기도 한다. '권력은 총구로부터 나온다'는 주장도 있지만 총구로부터 나온 권력은 부패하고 부정해지고 결국 더 큰 차별과 폭력을 유발할 가능성이 크다.

독을 품은 나무에서 독 없이 달콤한 열매가 맺어질 수 없고 독을 품은 뱀이 먹으면 이슬도 독이 된다. 세상은 불평등하고 차별은 쉽게 사라지지 않고 때로는 역사의 진보가 더디다거나 후퇴한다고 느끼기도 하겠지만 그래서 폭력을 통한 급진적 문제해결의 유혹이 있겠지만 궁극적으로 인류는 조금 더 살 만한 세상, 서로 존중하고 함께 살아가는 세상을 향해 서서히 진보해간다는 믿음, 평화적 방법

이야말로 포기할 수 없는 절대적 가치라는 믿음이 필요하다.

테러 없는 세상, 폭력 없는 세상을 만들기 위해서는 경제가 성장하고 민주주의 가치와 인권을 존중하는 주권국가가 많아져야 한다. 그러기 위해 선진국은 아직 민주적이지 못하고 덜 발전한 나라를 지원해야 한다. 자국 중심의 적의 적은 나의 편이라는 논리로 테러를 자행하는 반민주·반인권 집단을 지원해서는 안 된다. 국민을 탄압하는 독재정권에 지원을 끊어야 한다. 이민자를 돌보고 개발도상국이 자신의 힘으로 경제를 성장시킬 수 있도록 도와주어야 한다. 힘의 논리로만 유엔이 움직여서는 안 된다. 힘 있는 나라도 견제를 받아야만 한다.

테러 없는 세상, 폭력 없는 세상을 만들기 위한 근본적 처방은 너무 거창하게 느껴진다. 무엇보다 시급한 일은 자녀를 과격 테러리즘 이데올로기로부터 지키는 것이다. 지금 당장 세계의 젊은이를 과격 테러리즘 이데올로기로부터 지키기 위해서 우리는 무엇을 해야 할까?

감당하기 힘든 경쟁을 청소년에게 강요하지 않는 사회, 누구나 능력에 맞게 직업을 구할 수 있는 사회, 인권과 평화와 민주의 가치가 존중되는 사회를 만들어야 한다는 것은 너무나 기본적이자 가장 중요한 이야기이다. 이런 사회를 만들기 위해 개별 가정, 시민사회 그리고 정치권도 함께 노력해야 한다. 그러나 이런 기본적이고 중요한 것 이외에도 현실적으로 지금 당장 우리가 해야 할 일이 있다.

자율성

청소년기는 큰 변화를 겪는 시기이며 불안하고 불안정한 시기이다. 청소년은 스스로 자신의 몸과 마음 그리고 미래를 결정하고자 하는 욕구가 커지는 시기이다. 이런 욕구를 이해하고 존중해야 한다. 미숙하고 불안하다고 무시하고 부정해서는 안 된다.

통제하고 관리하면 일시적으로는 말도 잘 듣고 문제를 일으키지 않는 것처럼 보일지라도 장기적으로는 자기주도성·자율성 결여로 세상을 스스로 이성적으로 판단하거나 합리적으로 행동하지 못한다. 미숙하고 불안하더라도 시행착오를 통해서 스스로 자율성 (autonomous) 을 키워나가고 자신의 인생과 세상에 대해 책임감 있는 사람으로 성장하도록 지켜보고 지지해야 한다.

소속감

청소년기는 세상으로 나아가 세상을 이해하고 그 속에서 자신을 찾으려 모험을 떠나는 시기다. 그러나 한편으로는 돌아올 곳, 정서·육체적으로 진한 소속감 (belonging) 을 느낄 곳이 필요하다. 1차적으로는 가정이다. 부모와 형제로부터 정서·육체적 지지를 절대적으로 받는다면 어떤 모험을 떠나더라도, 그 과정에서 어떠한 좌절과 어려움에 부닥치더라도 건강하게 이겨낼 수 있다. 그리고 주변 세상을 긍정적 시각으로 바라볼 수 있다.

자신이 현실세계 어딘가에 제대로 소속되었다는 느낌이 들지 않는다면 소속감을 느낄 수 있는 곳을 향해 모험을 떠날 수 있다. 심지어 그곳이 테러와 죽음이 난무하는 죽음의 땅일지라도 말이다. 청소년에게 가정, 건강한 또래집단, 직장, 신앙공동체 등 존재를 인정받을 수 있고 소속감을 느낄 수 있는 곳은 절대적으로 중요하다.

통제력 · 영향력

자율성과 유사하지만 조금 더 구체적 개념이다. 자율적으로 행동할수 있더라도 주변에 대한 통제력(control)이 전혀 없다면, 즉 주변 사람과 주변 세상에 미칠 수 있는 어떤 통제력·영향력이 자신에게 없다고 느낀다면 무력감에 빠질 수밖에 없다.

청소년에게 자신은 물론 주변 세상을 어느 정도 통제하고 주체적으로 변화시킬 수 있다는 믿음과 기회를 제공해야 한다. 이런 경험을 통해 청소년은 더욱 성장하고 세상에 보람 있는 존재로 발전할수 있다. 통제감이 실제세상에서 주어지지 못한다면 가상세계 혹은 ISIS와 같은 테러리스트가 지배하는 세상에서 통제력을 행사하고자 하는 유혹에 빠질 수 있다.

미디어 교육

우리가 사는 세상은 하루가 다르게 바뀐다. 변화의 속도는 점점 더 빨라진다. 여러 분야에서 큰 변화가 이루어졌고, 특히 디지털 기술 혁신으로 커뮤니케이션 분야에서 놀라운 변화가 이루어졌다. 이러한 변화는 혁명적이라 할 만하다.

　우리는 세상과 소통하기 위해 기본적으로 말과 글을 배운다. 또한 이를 이용해 소통하는 방법을 가정과 학교교육 과정으로 배운다. 가정에서 기본적인 말과 글을 배운 후 초등학교에서 단어와 문장에 관한 기초적 이해를 학습한다. 기초학습이 이루어진 후 중·고등학교 국어시간에는 언어의 구조, 문법 그리고 글쓴이의 의도가 무엇인지 파악하는 법을 배운다. 그러면서 모든 글에는 어떤 의도 혹은 감정이 있으며 매우 주관적일 수 있다는 것도 배운다.

　디지털 커뮤니케이션 수단의 혁명적 발달로 현대사회는 텍스트 위주가 아니라 이미지 위주의 커뮤니케이션이 중요한 시대가 됐다. 수많은 말보다 하나의 이모티콘이 더 쉽게 감정을 표현하고 타인에게 즉각적으로 전달하는 세상이 됐다.

　디지털 미디어 압축 및 전송 기술과 컴퓨터 저장·처리 기술의 발달로 영상 촬영·편집·전송이 손쉬워졌다. 사람들은 더 많이 촬영해 세상과 공유하려고 한다. 심지어 아주 은밀한 개인의 사생활까지도 세상에 공개하려고 한다. 촬영장비도 소형화되고 가격은 저렴해졌다. 촬영, 편집, 영상전송도 손쉽다. 이제 텍스트보다 더 많은 이미지·영상이 커뮤니케이션을 대체한다.

그런데 이런 영상 커뮤니케이션에 대한 제대로 된 교육은 현실적으로 거의 없다. 영상 커뮤니케이션의 기본적 예절, 문법에 대한 교육은 없다시피 하다. 가정에서도 학교에서도 영상 커뮤니케이션을 가르치지 않는다.

우리는 국어시간에 올바른 국어 사용법과 예절을 배운다. 그러나 우리는 어디에서도 올바른 영상문법, 예절, 사용법을 배우지 않는다. 아니 배울 기회가 없다. 그래서 타인에게 불쾌감을 주거나 자신에게 화살이 되어 돌아올 수 있는, 선정적이거나 예절에 어긋난 영상을 아무런 거리낌 없이 촬영하고 편집하고 세상에 공표한다. 그것이 어떤 의미를 지니는지, 어떻게 세상에 받아들여지고 다시 자신에게 영향을 미칠지 배운 적이 없기 때문이다.

디지털 세상에서 그 결과는 심각할 수 있다. 영상은 사실적이고 즉각적이고 감성적인 매체이다. 또한 디지털 세상에서 일단 인터넷에 공개되면 무한히 복제되고 유통된다. 사람들의 시선을 끄는 요소가 있는 영상, 즉 폭력적이거나 선정적이거나 무척이나 사적인 영상은 더욱더 많이 복제되고 유통될 가능성이 크다. 사람들의 관음적 욕구, 폭력적 욕구 등 인간 심성의 어두운 부분이 이런 영상의 수요를 키운다.

글쓴이가 글을 통해서 전하려는 주제가 무엇인지, 주제를 전하기 위해서 어떤 기법을 사용했는지를 국어시간에 배우듯 배워야 한다. 영상이 무척이나 주관적인 매체이며 그것을 만든 사람의 의도가 반영된 결과라는 사실을 배워야 한다.

영상이 제작되는 모든 단계, 즉 어떤 내용을 촬영할 것인가, 촬영된 내용 중 무엇을 버리고 무엇을 선택할 것인가, 촬영한 내용을 어떤 순서로, 어떤 길이로 배치할 것인가, 편집된 내용에 어떤 특수효과를 입힐 것인가, 효과음악은 무엇을 넣고 어떤 자막을 삽입할 것인가 등에 의도가 반영됨을 고려해야 한다. 그리고 어떤 대상에게 전달할 것인가, 이를 수용하는 사람은 어떤 사람이고 어떤 조건에서 받아들일 것인가 등도 고민해야 한다. 우리는 이런 문제를 좀더 심각하게 생각해야 한다.

영상매체가 지닌 이러한 속성, 즉 영상은 객관적이지 않으며 사실적이긴 하지만 진리가 아니며 거기에는 어떤 목적이 개입된다는 사실을 올바로 이해하고 이를 받아들여야 한다. 수용자 개개인은 비판적이고 주체적이어야 한다. 이는 매우 중요하다.

그렇다면 비판적이고 주체적으로 미디어를 수용할 수 있도록 어떻게 교육할 것인가? 미디어 교육(*media literacy*: 미디어를 주체적으로 받아들일 수 있는 능력) 은 어떻게 이루어져야 할까?

국어교육처럼 초·중·등 교육과정에 영상 미디어 수업을 편성해야 한다. 직접 영상을 기획하고 제작해 보는 것을 교육의 핵심에 두어야 한다. 스스로 기획하고 촬영하고 편집하고 효과를 넣는 과정을 체험하면서 영상 미디어가 얼마나 주관적인지, 폭력적이고 선정적인 영상이 왜 사람들의 시선을 끄는지, 프라이버시를 존중하지 않는 영상은 왜 만들면 안 되는지를 깨달을 것이다.

그 과정에서 자연스럽게 영상 커뮤니케이션에서 어떤 예절을 지켜야 하는지 그리고 세상에 넘쳐나는 수많은 영상을 어떻게 주체적으로 수용할 것인지를 배울 것이다. 이를 통해 선전선동 영상에 대한 면역력뿐만 아니라 넘쳐나는 정보, 특히 상업적 광고와 이념영상을 제대로 판단하고 이에 현명하게 대응할 힘을 키울 수 있을 것이다.

우리는 미디어를 통해서 세상을 이해하고 서로 소통하며 생존한다. 이렇게 절대적으로 중요한 미디어를 누군가가 독점하거나 정교하게 조작해서 청소년을 조종하려 한다면 그 결과는 심각할 수 있다. 미디어 교육은 성인에게도 필요하지만 청소년에게 더욱 절실하다. 디지털 세대인 청소년에게는 직접적 경험보다 미디어를 통한 세상과의 소통이 더욱 중요한 의미를 지닐 수 있기 때문이다.

강상원(편)(2002).《고교생을 위한 세계사 용어사전》. 서울: 신원문화사.
강준만(2010).《미국사 산책 15: 9·11 테러시대의 미국》. 서울: 인물
    과사상사.
김경희(2009).《한국사회와 인터넷 저널리즘》. 파주: 한울아카데미.
김응수(2012).《글로벌 테러리즘》. 파주: 한울아카데미.
두산동아(2010).《두산백과사전》. 서울: 두산동아.
박완규(2009).《테러리즘과 글로벌 커뮤니케이션》. 서울: 커뮤니케이
    션북스.
법무부(2014).〈출입국·외국인정책 통계월보〉.
시사상식편집부(2014).《시사상식사전》. 서울: 박문각.
이희수(2011).《이희수 교수의 이슬람: 9·11테러 10년과 달라진 이슬
    람 세계》. 파주: 청아출판사.
_____(2015).《이슬람 학교 2: 이슬람 문명, 문화, 극단주의와 테러
    그리고 석유》. 파주: 청아출판사.
전완경(2013).《아랍문화사》. 파주: 한국학술정보.
조상현(2010).《중동지역 분쟁과 중동테러리즘: 중동 분쟁의 역사적 기
    원·원인, 중동테러리즘 생성 배경으로부터 전망까지》. 파주:
    한국학술정보.

최진태(2009). 《국가안보와 대테러전략》. 서울: 대영문화사.

_____(2011). 《대테러학원론》. 서울: 대영문화사.

최창훈(2014). 《테러리즘 트렌드: 우리나라 테러 5대 전망》. 서울: 좋은땅.

최효찬(2002). 《테러리즘과 미디어: 테러를 둘러싼 미디어 이용전략과 사례》. 서울: 커뮤니케이션북스.

경향신문(2015. 10. 15). 세계의 미래를 좀먹는 '청년 실업'.

_____(2015. 2. 4). "IS의 세계 젊은이들 선전·선동에 맞설 콘텐츠 필요".

국민일보(2015. 1. 19). 〔한국인 10대 IS 가담?〕SNS 통해 세계 젊은이들 현혹.

_____(2015. 11. 17). 〔IS, 문명을 테러하다〕평범한 서방 젊은이까지 현혹.

_____(2015. 6. 28). 〔기획〕지난 1년 간 테러를 일상화시킨 IS.

_____(2015. 6. 29). 〔IS 국가 선언 1년〕테러 일상화시킨 '평화 파괴자'.

나우뉴스(2014. 10. 23). "가입 안하면 참수" 15살 IS대원의 충격 증언.

_____(2014. 12. 2). IS 전사 되려다가 화장실 청소하고 돌아온 대학생 체포.

뉴스1(2015. 10. 13). 수단, 여성 포함 70명 IS행… 의대생 12명 단체 가담도.

뉴시스(2015. 11. 25). IS 참여 외국전사 4분의 3은 친구 설득에 의해 가담.

동아일보(2015. 2. 27). IS 가담 위해 출국, 세계 곳곳 젊은이들의 잇단 IS행… 대체 왜?.

매일경제(2014. 8. 22). "IS, 단순테러단체 뛰어넘어" 美서 다시 9·11
　　공포.

매일신문(2014. 11. 1). 프랑스 지하디스트 1천 명 'IS 소굴'.

미디어스(2015. 1. 19). 고장 난 시스템… 왜 어떤 소년들은 테러를 선
　　택하는가.

서울신문(2014. 7. 30). 페친 타고 '지하드'로 건너간 유럽 10대들.

신동아(2014. 11). 주류사회 배척 이민가정 출신 귀국 후 '살인머신' 돌
　　변 우려.

아시아경제(2015. 11. 17). IS, 20만 병력 보유 '가장 돈많은 테러집단'.

여성조선(2015. 2. 26). IS 김 군은 지금… 우리 아이는 IS 유혹에서 안
　　전할까?.

연합뉴스(2015. 12. 2). 미국서 활동하는 'IS 대사' 최소 300명… 올해
　　56명 체포.

_____(2015. 7. 15). 하나의 나라로서 IS, 목숨 걸고 파헤친 그 실태.

_____(2015. 7. 31). IS 병력손실 1만 5천명… 모병 통해 손실 만회.

_____(2016. 7. 23). '니스 이어 뮌헨' 유럽서 9일새 3차례 테러… 최근
　　대형테러 일지.

_____(2016. 9. 16). IS 합류 터키인 1천명… "돈으로 가난한 청년 유인".

조선일보(2015. 11. 16). 〔파리 테러' 릴레이 진단〕〔1〕 또 다른 테러
　　시대의 시작, 그 불안한 前兆.

_____(2016. 7. 5). 방글라데시 테러범들, 與간부 아들 등 부유층.

중앙일보(2015. 11. 19). 무슬림 이민 2세대 박탈감 자극… IS, 단기간
　　에 자폭테러범 키워.

_____(2015. 12. 11). 이희수 교수 "자살 테러는 전쟁터에서 죽은 가

족에 대한 복수 수단".

_____(2015. 12. 2). 피케티 "극소수 부 독점이 IS 키웠다".

코리아데일리(2015. 3. 5). FBI, 청소년에 IS 가입 엄중 경고.

_____(2015. 6. 4). 중앙아시아, 'IS 배후 기지' 되나.

프레시안(2015. 11. 23). 왜 IS는 집단살육을 멈추지 않는가?.

한국일보(2015. 1. 19). 취업난·사회 불만에 청년층 도피처 삼아 日도 'IS 가담' 골머리.

_____(2015. 1. 24). 불편한 시선, 불안한 공존… 한국에 무슬림 20만.

_____(2015. 4. 8). IS 가담 서방 10대 좌절상태서 중간책 유혹에 넘어가.

_____(2015. 5. 25). 꿈과 현실 사이 좌절 청소년들에게…IS는 치명적 유혹.

_____(2016. 7. 5). 방글라데시 테러범은 젊은 고학력 중산층 자녀.

허핑턴포스트 코리아(2015. 11. 17). 파리 테러 희생자의 남편이 IS에 보내는 단호한 메시지.

_____(2015. 2. 6). 〔인터뷰〕IS를 탈출한 시리아 소년병의 증언 "IS에 가입하지 마세요".

_____(2015. 3. 13). "IS 가담 호주 청소년, 이라크서 자폭 테러".

_____(2015. 9. 1). IS 가담했던 대학생 "성전은 없고 모든 게 거짓이다".

_____(2015. 9. 22). IS 가담했던 대원들이 목숨을 걸고 탈출한 이유.

헤럴드경제(2014. 10. 22). 서방 젊은이들 줄 잇는 'IS 가담행렬' 왜.

_____(2014. 9. 30). 유럽 10대 소녀 수백 명 IS 가담.

_____(2015. 2. 13). 미군 공습에도 IS 가입자 오히려 증가…전 세계 2만 명.

21세기 테러리즘 연구소(*n. d.*). http://blog. naver. com/mdjse1

Zakaria, F. (*n. d.*). *Global public square.* Retrieved from http://glob alpublicsquare. blogs. cnn. com/

Arquilla, J., & Ronfeldt, D. (2001). *Networks and netwars: The future of terror, crime and militancy.* Santa Monica, CA: Rand. 한세희 (역) (2005). 《네트워크 전쟁: 테러·범죄·사회적 갈등의 미래》. 파주: 한울아카데미.

Donohoe, H. (2005). *Terrorism.* North Mankato, Minn.: Stargazer Books. 전국사회교사모임(역) (2010). 《세상에 대하여 우리가 더 잘 알아야 할 교양 2: 테러 왜 일어날까》. 서울: 내인생의책.

Grau, M. C. (2002). *Le terrorisme expliqué aux enfants: au-delà des cauchemars-l'espoir!.* Montréal: Stanké. 우강택(역) (2005). 《아이들에게 설명하는 테러리즘》. 서울: 동문선.

Schlichte, K. (2009). *In the shadow of violence: The politics of armed groups,* Frankfurt: Campus. 이유경(역) (2010). 《누가 무장단체를 만드는가》. 서울: 현암사.